PAISAJES ARQUITECTÓNICOS I

COLECCIÓN

ARQUITECTURA Y HUMANIDADES

MARÍA ELENA HERNÁNDEZ ÁLVAREZ

COMPILADORA

Primera edición 2015

Directorio

Dra. en Arq. María Elena Hernández Álvarez
Directora

Mtra. en Arq. Patricia Barroso Arias
Coordinación de Contenido Editorial
Versión impresa y versión digital en: www.architecthum.edu.mx
Colaboración:
Arq. Milena Quintanilla Carranza

Mtro. en Arq. Federico Martínez Reyes
Coordinación Editorial
Colaboración:
Roberto Israel Peña Guerrero

Mtro. Guillermo Samperio/Rodrigo de Sahagún
Fundación Cultural Samperio, A.C.
Revisión ortotipográfica y de estilo

Ilustración de portada:
Federico Martínez Reyes

Díaz de León 122-2
Aguascalientes, Aguascalientes
México CP 20000
libros@architecthum.edu.mx

ISBN 978-607-9137-28-1

Presentación

La construcción de la Teoría de la Arquitectura, que es el sustento de todo diseño arquitectónico, implica un complejo proceso reflexivo y crítico mediante el cual se verifica a distancia y en profundidad la enseñanza y la praxis del oficio de ser arquitecto. Si la Arquitectura, es decir, lo habitable, le concierne a todo ser humano, las premisas de ella misma sólo pueden concebirse de manera transdisciplinaria sustentándose en todos los campos del conocimiento porque, además, es a todos ellos a quien va destinado su servicio.

Asimismo, las manifestaciones del humanismo están asociadas a la conciencia social del hombre y a sus circunstancias existenciales en el mundo, de tal suerte que se deben ir generando consideraciones ontológicas y epistémicas en el plano formativo y profesional para el arquitecto. Por ello, asumir una formación humanista desde sus más altos y nobles ideales, constituye una necesidad cada vez más apremiante en el mundo de hoy; y es esto lo que nos transmite una imagen del arquitecto como persona que piensa, que crea y que produce una arquitectura orientada hacia el bien común.

Actualmente, gracias a esfuerzos de profesores e investigadores de nuestro Programa Académico, como la Dra. María Elena Hernández y de su grupo de colaboradores, proyectos editoriales como esta Colección Arquitectura y Humanidades, hacen posible pensar en una Teoría de la Arquitectura impresa con un sello particular en donde el proceso de enseñanza aprendizaje no se concibe ya como un proceso educativo centrado únicamente en la adquisición de conocimientos y habilidades, sino como un compromiso reflexivo y crítico que reclama un cambio de orientación dirigido a la búsqueda de nuevos nexos y relaciones disciplinares, particularmente aquí con las Humanidades.

Así, validando este enfoque transdisciplinar, se escriben y difunden en este proyecto editorial, colección Arquitectura y Humanidades, ideas artísticas, científicas, éticas, filosóficas, poéticas e históricas, que provienen de numerosas visiones del mundo arquitectónico, sustentadas en ideologías, teorías y posturas que están en correspondencia con las exigencias del mundo contemporáneo.

Es esencial que nuestra Facultad de Arquitectura sea parte de las instituciones educativas que contribuyen a la formación de arquitectos conscientes y reflexivos para que esto nos permita, no solamente vivir en el mundo actual, sino además, transformarlo de manera transdisciplinaria para la sustentabilidad y sostenibilidad que el futuro nos demanda.

Así, la Colección Arquitectura y Humanidades nos convoca a la reflexión filosófica que comprende a la arquitectura desde su núcleo, el hombre, y al arquitecto como el profesional dotado de razón, de conocimiento y de capacidad para construir, pensar y diseñar lugares de verdadera calidad habitable.

Sabemos que este proyecto editorial queda establecido para ser puerta abierta permanente a las colaboraciones de quienes consideren el trabajo transdisciplinario como una fuente necesaria para validar, hoy más que nunca, las pautas de diseño de los espacios que los seres humanos habitamos.

Mtro. en Arq. Alejandro Cabeza Pérez
Coordinador del Programa de Maestría y Doctorado en Arquitectura
Facultad de Arquitectura
Universidad Nacional Autónoma de México
Enero de 2015

Prólogo

La *Colección Arquitectura y Humanidades*, tiene el objetivo de fortalecer los lazos entre ambos campos de conocimiento, ya que uno sin el otro no podrían concebirse. Si comprendemos que, tanto la Arquitectura como las Humanidades conciernen a todo ser humano, es por ello que este proyecto centra su propósito en compartir los esfuerzos de muchas personas por enriquecer los encuentros transdisciplinarios que coadyuvan al compromiso con la calidad de las pautas de diseño de los espacios que habitamos los seres humanos.

En este proyecto editorial presentamos numerosos trabajos de exalumnos y profesores del Seminario y Taller de Investigación *Arquitectura y Humanidades* fundado en 1997 en el Programa de Maestría y Doctorado en Arquitectura de la Universidad Nacional Autónoma de México. A partir de ese año, esta *Colección Arquitectura y Humanidades*, tanto en sus versiones digitales como en la impresa, también se ha visto enriquecida de manera significativa con la generosa colaboración de muchos académicos y profesionales de diversas instancias y países.

Los números de este proyecto editorial se presentan organizados en temáticas generales abiertas para multiplicarse secuencialmente. Los artículos en cada número dan a conocer importantes reflexiones teóricas cuyo interés primordial es contribuir a la formación de investigadores y de docentes, así como el promover la generación y divulgación del conocimiento y la cultura arquitectónica y humanística.

Inaugura la lista de autores el Dr. Jesús Aguirre Cárdenas, quien, además de contribuir con un importante ensayo sobre el tema central de esta Colección, ha otorgado en todo momento su apoyo al proyecto académico *Arquitectura y Humanidades*. Expreso aquí mi profunda gratitud y admiración al Dr. Jesús Aguirre Cárdenas por su confianza a esta propuesta académica editorial y, sobre todo, por su inigualable ejemplo humano a seguir; él siempre abriendo caminos.

Por mi conducto, todos los autores que participamos en esta Colección expresamos nuestra gratitud a las autoridades de la Facultad de Arquitectura de la Universidad Nacional Autónoma de México, especialmente a su Director el Arquitecto Marcos Mazari Hiriart, al Maestro en Arquitectura Alejandro Cabeza Pérez, Coordinador del Programa de Maestría y Doctorado en Arquitectura y al Maestro en Arquitectura Salvador Lizárraga, Coordinador editorial de la Facultad de Arquitectura, por el reconocimiento que otorgan a la trayectoria de los autores que participan en esta *Colección Arquitectura y Humanidades*, así como a la calidad de los ensayos que en ella se presentan.

Finalmente, mi especial reconocimiento a la Maestra en Arquitectura Patricia Barroso Arias y al Maestro en Arquitectura Federico Martínez y a sus colaboradores por las incontables horas de entrega, creatividad, compromiso, liderazgo y confianza a este proyecto editorial.

María Elena Hernández Álvarez
México, Distrito Federal , diciembre de 2014

Volumen 7

PAISAJES ARQUITECTÓNICOS I

Introducción

MILENA QUINTANILLA CARRANZA

No puede hablarse de arquitectura o de urbanismo sin contemplar que todo objeto urbano arquitectónico necesariamente es, existe y ocurre en un lugar. Los espacios en los que los seres de este mundo nos desenvolvemos requieren de un medio, y este medio es el paisaje.

A su vez, la interacción de los objetos urbano arquitectónicos con el paisaje, requieren que se reflexione, se investigue, y se diseñe el mismo, a fin de crear, mantener, proteger y enriquecer los lugares en los que desarrollamos nuestras actividades cotidianas, y de que estos puedan ser apropiados, habitables y coherentes ante las diversas necesidades ecológicas y humanas. De esta manera, la naturaleza del paisaje y de la interacción humana con él, manifiesta que esta área del conocimiento y temática de reflexión, es de una amplitud transdisciplinar, pues acoge e integra conceptos y aproximaciones, no sólo de las dos vertientes en las que tradicionalmente se divide el saber, entre las artes creativas y las ciencias naturales, sino que integra también muchos aspectos de las humanidades y la tecnología.

Así, en este número se ofrece una visión de los vínculos entre la arquitectura y el paisaje, del análisis de sus elementos o componentes y de su tipología, haciendo énfasis en la importancia de su planificación, diseño y conservación, al tiempo que se describen los elementos que podemos identificar como condicionantes del entorno y la forma en que pueden aplicarse en la concepción del proyecto urbano o arquitectónico. Esta temática surge también de la necesidad de indagar y desarrollar un lenguaje, contenidos y metodologías propias para fomentar las relaciones entre el objeto y su entorno.

Por lo anterior, se incluye lo relevante para la conceptualización del objeto arquitectónico en contacto con el paisaje, proponiendo diversas relaciones, usos, percepciones y vinculaciones; como una forma de evitar el deterioro del ambiente y por ende el deterioro nosotros mismos, si se comprende que formamos parte de un sistema. Con ello, se ve necesaria la toma de conciencia para captar formas nuevas que impulsen el desarrollo de una arquitectura interactiva con su medio, acentuando su conservación, su goce y su habitabilidad.

16

El estudio de la contextualidad en el proyecto arquitectónico

PATRICIA BARROSO ARIAS

Cuando reflexionamos sobre el papel que juega el paisaje en la elaboración de la imagen del objeto, nos formulamos las siguientes preguntas: ¿Qué es la contextualidad? ¿Es posible diseñarla? ¿Cómo se lee en el proyecto? ¿Cómo se previene en el hacer proyectual? ¿Es igual leerla que diseñarla? A partir de ello, la preocupación se centra en verificar si en la actualidad el arquitecto planea o no este contenido arquitectónico en su hacer y si contempla una postura que valore la relación objeto-entorno. En este caso, se acentúa que la arquitectura para proyectarse requiere de recursos o contenidos que se moldean procesualmente, aquí se hace referencia a una condición de "anticipación" conceptual, probablemente diagnóstica sobre el contexto. Cuando se proyecta imaginariamente se anticipa lo que será el objeto, es posible prevenir su comportamiento con el sitio dado, si se estudia bajo una evaluación analítica y diagnóstica que lleva a interpretar y plasmar la "materia" proyectual a manera de "prefiguración" del objeto.

Este diagnóstico se vuelve parte de un principio metodológico en donde se comprende que el proyecto responde a un marco de referencia ambiental como comprensión previa de la realidad física, cultural y geográfica donde se insertará. Existen nexos entre la arquitectura y su marco contextual al que se debe regresar continuamente para entender y valorar el sitio; por ello, nos cuestionamos sobre la influencia que ejerce el contexto en el proyecto y si se generan entrelazamientos o vínculos con el entorno. Si es posible leer la contextualidad en el objeto o su comportamiento con el medio, entonces se puede explicar cómo se diseña o planea en el proyecto, de tal manera que el clima, el terreno, las vistas, el relieve, la hidrografía y la orientación son algunos de los requisitos específicos que se vuelven factores determinantes en la forma del objeto.

Definición

La "contextualidad" se refiere al sitio, al lugar donde se fusiona la obra con el sitio, se entiende como la relación de la arquitectura con el entorno físico inmediato, donde el contacto del hombre con su medio natural genera la capacidad de articular los elementos arquitectónicos en conjunto para darse una relación hombre-arquitectura-lugar. Aquí se descubren una serie de fenómenos que permiten al arquitecto organizar y relacionar al objeto con el entorno físico que lo rodea, en esta relación se revela lo que el sitio encierra en sus características físicas para proponer soluciones hacia una articulación de elementos contextuales. Esto obedece a una transformación y valoración del lugar donde se inserta la obra.

En este contenido se establece una serie de elementos que sirven para transformar al medio y entrar en relación dialéctica u opuesta con él, en este caso el entorno significa "esencialmente todo lo que está alrededor de un individuo en el espacio o en el tiempo" [1], viéndolo como un sistema espacial y temporal, como el entorno próximo o lo que está alrededor y al alcance, donde el objeto arquitectónico se convierte en un objeto condicionado a éste. El hecho es que el objeto se conecta directa o indirectamente a él estableciendo un tipo de relación o vinculación en esferas distintas, así el entorno urbano o natural alberga un tipo de vida y de actividad que se constituyen como el marco artificial donde se inserta a la obra.

Entonces la contextualidad ocurre cuando el objeto entra en relación con el conjunto de elementos que condicionan de algún modo su ubicación, su posición y composición lingüística, en ésta la obra arquitectónica tiene una imagen tal, que los conjuntos de edificios pueden tener la misma relación o conectarse por otra. Por ello, se entiende como la conexión del edificio con el hábitat, donde hay una intención de composición, en esta relación se deja ver que la obra no se entiende como objeto individual, sino que se considera como formadora del contexto, es un elemento que modifica, afecta y transforma el entorno donde se inserta. En este sentido la relación con el sitio afecta de dos maneras a la obra:

a) El objeto arquitectónico queda determinado por el contexto como objeto culturalizado, influenciado y condicionado por el entorno, esta disposición no se refiere a la simple comprensión del medio, sino al análisis de las relaciones del medio físico en el marco de su cultura. Es, al mismo tiempo, una relación de percepción y de conocimiento del sitio, donde la expresión del objeto arquitectónico desde su concepción en el proyecto reconoce su valor como elemento dialéctico. Autores como Muntañola definen esta vinculación como el equilibrio entre el objeto arquitectónico y el entorno, entre lo natural y lo artificial [2], o como señala Pozo "es el estado temporal de equilibrio que el hombre alcanza a través de sus establecimientos" [3].

Por lo tanto, la ubicación del edificio se define en una localidad geográfica y en una cultura determinada, donde se organiza la colectividad que ahí se desenvuelve y vive. Esta noción de una arquitectura que se configura según una situación y un entorno determinados condensa una particular idea de un escenario, de una región, de un sitio; y el reto de trabajar con culturas, climas y condiciones urbanas diferentes exige un emplazamiento de la arquitectura en relación directa con su entorno próximo. Así como lo señala Holl, se puede enunciar una "arquitectura del entrelazamiento" [4], como una arquitectura que se ilustra mediante las experiencias perceptivas, conceptuales y lingüísticas.

b) Y por otro lado, la obra arquitectónica es entendida como condicionante del contexto, es decir, como generadora del entorno y como elemento que compone parte de la cultura, debido a que impone y genera "contexto". Entendiendo en ello, que la obra como formadora del pasaje está definida por su condición material y tangible, es decir que a partir de su presencia en el sitio se establece una "zona" contextual que no se sabe precisamente hasta donde llega, ya que no hay límites visuales y culturales tangibles; probablemente el único límite que existe sea de tipo geográfico como el que conocemos como "alineamiento". Sin embargo, la incidencia del objeto a nivel cultural, social y visual en el entorno no se define en términos limitantes, por lo que esta relación se concibe como una vinculación abierta y sin límites.

De cualquier manera, el objeto arquitectónico al ser concebido en el proyecto como elemento culturalizado y al comportarse como elemento que genera parte del paisaje urbano cuando se edifica, es en sí una expresión de las formas de habitar. Por eso esta dualidad determina en un sentido la concepción de la contextualidad en la acción proyectual como un elemento determinante que afecta e incide en la imagen del objeto.

Entonces, para establecer a la contextualidad como un contenido que interviene en la acción proyectual es necesario responder a algunas preguntas, como: ¿Qué elementos se consideran para elaborar un diagnóstico contextual en el proyecto? ¿Cómo se identifican en la lectura del proyecto? ¿Cómo se concibe una intención contextual? y ¿Por medio de qué factores se plasma o representa la intención contextual?, o bien, ¿cuál es su condición expresiva?

En estas cuestiones se advierte que en el proyecto se determina si se trabaja en un contexto consolidado o bien, si será conformado con el tiempo en su dinamismo y en su transformación; asimismo se entiende que en la acción proyectual se previene la manera de actuar del objeto con su entorno, de esta manera, la elaboración de un diagnóstico contextual en el proyecto puede simular la escena visual y representativa del contexto real. En dicho diagnóstico se prevé el comportamiento del objeto arquitectónico con su ambiente, de ahí que se busca establecer a los elementos tipológicos y morfológicos que intervengan en la definición de la vinculación objeto-hábitat desde un sentido proyectual.

¿Cómo se planea lo contextual en el proyecto arquitectónico?

El diagnóstico

El proyecto arquitectónico se encuentra entrelazado con el entorno, es decir, que el "entrelazamiento" es un concepto que se sustenta en el vínculo, en la conexión o unión de la experiencia del espacio y el tiempo, del aquí y del allá, del adentro y del afuera o del interior y del exterior. Esta idea de "entrelazamiento" como una red de reciprocidades y vínculos con el "allá afuera", busca expresarse mediante los recursos lingüísticos que el arquitecto utiliza, entonces se investiga cómo se piensa la relación objeto-entorno y cómo se identifica en la lectura del proyecto. Para responder a ello, se deben identificar los elementos que condicionan la presencia del objeto o las exigencias del sitio bajo un diagnóstico contextual que ha de trasladarse al proyecto, considerando los elementos lingüísticos y morfológicos que definen al entorno y afectan o determinan la forma, pensando su agrupación de la siguiente manera:

Factores de la silueta circundante, donde se analizan:

- Los aspectos compositivos del entorno construido como las alturas, proporciones, escalas, masas, vacíos, ejes, la orientación de volúmenes, sus ritmos, secuencias formales, geometrías, la traza urbana y el sembrado de los edificios.
- Los usos del suelo y reglamentos, para ubicar áreas recreativas, zonas colectivas, áreas privadas, de comercio o trabajo.
- Y las texturas del entorno, como los materiales, colores y acabados.
- Equipamiento urbano, para ubicar:
- Las zonas de carga y descarga.
- Y zonas de servicios con la ubicación de: cisternas, líneas de drenaje, luz, agua, estaciones y equipos especiales.
- Factores físico-ambientales, para generar efectos ambientales y compositivos con el uso de:
- Elementos naturales, ya sea el agua, las piedras, la vegetación, los pavimentos.
- El manejo de la luz, para crear sombras y reflejos, para resaltar los tonos, las texturas, los volúmenes y las secuencias de llenos y vacíos.
- El manejo de la luz natural o artificial, ya sea directa o indirecta para afectar la fluidez espacial y visual, y para asociar interiores y exteriores o para generar contrastes y continuidades.
- El estudio del clima, los vientos, la lluvia, la humedad y la temperatura para determinar la forma del objeto, y el tipo de fachadas a usar, ya sean abiertas o cerradas, asimismo, el tipo de techos inclinados o planos.
- El uso de los recursos naturales, nos pueden ayudar a generar barreras naturales, zonas olfativas, zonas ornamentales y prolongaciones interiores y exteriores.
- Factores del terreno, contemplando el análisis de:
- Las vistas o visuales que se producen desde el interior hacia exterior del terreno y viceversa, tomando en cuenta las perspectivas y los ángulos.

- El emplazamiento, la ubicación, la posición y la modificación topográfica o integración al sitio.
- La geometría del terreno y las pendientes.
- Los Factores de aproximación y espacialidad exterior, donde se verán:
- La forma de aproximación al edificio, analizando el flujo vehicular y peatonal, los tipos de circulaciones externas, su trazo, estructura o retícula, las conexiones, entre los espacios abiertos y cerrados, las disposiciones exteriores lineales, radiales, laberínticas, fragmentarias y en "U", "O", "I"; así como sus orientaciones, direcciones, sentidos, jerarquías, zonas de alta y de baja circulación.
- Los elementos de acceso y salida como: pórticos, calles internas, pasillos, cruces, portales, corredores, elementos que comunican y organizan la distribución, plazas, patios interiores, terrazas, zonas de transición, de distribución y puntos de encuentro.
- Los remates y filtros visuales o espaciales para generar barreras físicas con muros, planos y volúmenes, el uso de elementos transparentes, abiertos, los remates visuales y reflejos. Aquí se toma la disposición de planos y superficies que se abren o se cierran espacial y visualmente para revelar un paisaje cambiante que puede ser continuo o fragmentario.
- La Historicidad del sitio, investigando:
- Tomando en cuenta los elementos tipológicos, morfológicos y estilísticos del sitio.

Estos factores pueden leerse en el proyecto como una condición a priori a la existencia del objeto y se previenen al proyectar, de manera que se cuestiona sobre ¿qué implicaciones formales se obtienen del estudio del lugar como determinante de la obra? y ¿qué puede aportar el proyecto de la obra arquitectónica como condicionante del contexto o generador de él? Este diagnóstico abre otras preguntas interesantes: ¿cómo se traslada este estudio al proyecto? ¿Cómo se genera y se define la contextualidad en un nivel de intenciones proyectuales y de representación lingüística? Aquí habrá que analizar los tipos de entrelazamientos que se producen para identificar cómo actúa el objeto en el entorno y cómo lo afecta. De esta manera se propone la existencia de una red de reciprocidades que se identifican a continuación.

Los tipos de entrelazamientos interiores-exteriores, presentados en una serie de implicaciones formales de la obra que inciden en el contexto como:

- La prolongación del interior al exterior y viceversa, lograda con elementos que permiten la transparencia, la penetración de elementos, la conexión y la continuidad.
- La simbiosis contextual establecida por elementos que permiten el mimetismo y la fusión de la figura con el fondo.
- La oposición contextual dada por elementos que permiten el contraste y la negación.
- El topos-tipo, generado por elementos que permiten la incorporación armónica y la unión, en este caso, la configuración geométrica del terreno ayuda y determina la forma geométrica del objeto.
- La imposición contextual originada por elementos que acentúan la presencia del objeto.
- El fragmento contextual logrado por elementos que enmarcan una parte del entorno.
- La fachada-entorno generada por elementos que actúan como espejos y reflejan el entorno urbano.
- El brote contextual establecido por elementos que simulan estar contenidos en el entorno o brotan de él.
- El aislamiento contextual dado por elementos que separan el conjunto, lo disgregan, o fraccionan. Se representa como una oposición al medio y a sus condicionantes ambientales, interviniendo para ello los materiales, la composición geométrica del objeto y su lenguaje, asimismo, provocando la desvinculación térmica, acústica y desconexión interior-exterior.
- La horizontalidad originada por elementos que se integran a las proporciones de la silueta circundante.
- La verticalidad lograda por elementos que se integran y destacan jerárquicamente de las proporciones de la silueta circundante.
- La polaridad cerrado / abierto.

Notas

1. Moles, Abraham, "Teoría de los objetos", Barcelona: Gustavo Gili, 1979, p.12.
2. Muntañola, Josep, "Comprender la arquitectura", Barcelona: Teide, 1985, p.121.
3. González Pozo, Alberto, "El dominio del entorno", México: SEP, 1971, p.5.
4. Holl, Steven, "Entrelazamientos", Barcelona: Gustavo Gili, 1997, p.7. Este texto contempla el análisis y la crítica de diversos objetos arquitectónicos en base a esta idea de "entrelazamiento" de la obra con el entorno, por ello sus conceptos se retoman en el estudio de la contextualidad.

Bibliografía

González Pozo, Alberto, "El dominio del entorno", México: SEP, 1971.

Holl, Steven, "Entrelazamientos", Barcelona: Gustavo Gili, 1997.

Moles, Abraham, "Teoría de los objetos", Barcelona: Gustavo Gili, 1979.

Muntañola, Josep, "Comprender la arquitectura", Barcelona: Teide, 1985.

26

La utilidad energética y ambiental en la cubierta (Quinta fachada)

JOSÉ MARIO CALERO VIZCAÍNO

Hacia una arquitectura orgánica y autónoma para el siglo XXI
Así como los seres humanos, inclusive algunas especies animales, también tienen la necesidad de cubrirse o protegerse de las adversidades climáticas y en contra del ataque de sus depredadores. Existen animales como las tortugas que tienen caparazones rígidos dentro de los cuales se refugian sintiendo seguridad. Otro ejemplo interesante son los cangrejos ermitaños que se apropian de conchas vacías, convirtiéndolas en su escudo de defensa y hogar móvil. El momento de más mayor fragilidad en la vida de los animales es cuando acaban de nacer. Es entonces cuando en estos momentos tempranos en que los animales son más vulnerables, pues cuentan con tan solo su piel para protegerlos protegerse. Los pájaros superan esta vulnerabilidad ofreciendo sus propios cuerpos adultos y cálidos como incubación energética y protección física.

Siendo el ser humano un organismo viviente de sangre caliente desde los principios de su historia, nuestros ancestros buscaron refugio en cuevas para protegerse de las adversidades climáticas. El árbol se presenta como elemento que gracias a su follaje cubre una superficie en donde el ser humano encuentra ¿cobijo?, sombra. Un árbol se relaciona eficientemente con las energías naturales, integrándolas pasivamente a su funcionamiento vital y evolutivo.

A lo largo de la evolución histórica del ser humano primitivo, la necesidad de un refugio móvil, dio lugar a la morada nómada. En la morada nómada se utilizaban estructuras sencillas, cubiertas por pieles y textiles primarios para generar un clima interior que brindaban condiciones climáticas más confortables que las del exterior.

Gracias a la exploración de nuevas latitudes y a la capacidad de adaptación del ser humano, éste se fue enfrentado a diferentes climas, desarrollado técnicas arquitectónicas y constructivas que se relacionan directamente con a su emplazamiento geográfico. Resulta que la forma adecuada para realizar una superficie que cubra un espacio determinado en un clima meridional no será adecuada para un clima gélido. Por lo tanto, para que el diseño de una superficie de cubierta sea funcional y eficiente, éste debe ser el resultado de un estudio climático local.

La arquitectura vernácula utiliza elementos locales para crear espacios simples, uniformes y confortables. Debido a los estrictos recursos económicos con los que se encuentra la sociedad, la arquitectura vernácula se basa en una estética de la simplicidad. En la arquitectura vernácula hay una integración de la estética formal arquitectónica con las cualidades ambientales y energéticas locales. Por tanto, el diseño de cubiertas responde a principios estéticos y a la vez funcionales.

Al acrecentarse la economía de las primeras civilizaciones, se evoluciona en la forma de vivir y se asientan las primeras ciudades, por tanto, se requiere de espacios colectivos y públicos cubiertos. Habiéndose consolidado la arquitectura como disciplina artística cada periodo desde el clásico hasta el moderno ha heredado ejemplos de superficies de cubierta espectaculares. Así se presenta la evolución de la cubierta que va desde la cubierta plana; pasando por la bóveda, hasta la composición mezclada de la cubierta.

Pasada la revolución industrial, se ubicó la necesidad de resolver la creciente dependencia energética sobre los recursos fósiles que contaminan afectando de manera dramática el futuro del planeta. En la actualidad se prevé que las fuentes de energías naturales o renovables, reemplazarán paulatinamente a las energías contaminantes. El diseño arquitectónico debe de integrar el aprovechamiento de las energías naturales para abastecer parcialmente el consumo de energía en la edificación. La mayor fuente de energía que recibe nuestro planeta proviene del sol. La energía solar tiene trayectoria geométrica, pero el flujo de energía dominante, se dirige principalmente de arriba hacia abajo. De tal forma, puedo deducir que para captar la energía solar en la superficie arquitectónica que cubre, debe existir haber una relación directa entre la latitud y la inclinación de la superficie cubierta que defina la forma.

Analicemos cuál es el ángulo de inclinación ideal en una cubierta orientada al sur, para el aprovechamiento más eficiente de radiación solar en la latitud de cuarenta grados norte. Existen dos parámetros anuales esenciales para dicho análisis. Estos parámetros corresponden a los solsticios que suceden en los meses de Junio y Diciembre (meses con minúscula, a menos que se refieran a una festividad). Es al medio día de los solsticios cuando el sol alcanza sus límites máximo y mínimo de inclinación con respecto a la superficie en cuestión. Conociendo el margen angular de radiación solar que incidirá sobre la superficie a lo largo del año, se solucionará este el análisis.

Como resultado la inclinación más eficiente para captar la radiación solar coincide con el ángulo de latitud local. De tal forma que la superficie enfrente lo más perpendicular posible la radiación. En la latitud de cuarenta grados norte, la inclinación ideal coincide con el ángulo de latitud. Esta latitud presenta estabilidad durante el año ya que recibe un promedio de radiación solar mayor que otras inclinaciones. Como referencias se obtiene un máximo de novecientos treinta vatios por metro cuadrado en el medio día de junio y un mínimo a las doce del día de diciembre de setecientos cuarenta y dos vatios por metro cuadrado.

La mayoría de las energías que interactúan con la cubierta tienen un flujo que coincide con el de la fuerza de gravedad. La luz de la bóveda celeste viene principalmente desde arriba, la lluvia cae desde el cielo a la tierra, los rayos en las tormentas eléctricas tienen también un flujo dominante de arriba abajo. El acto de cubrir energías tiene sus reacciones, por lo tanto la energía que se cubre debe de volver a la Tierra. Como ejemplo, en las ciudades en donde el asfalto y el hormigón cubren un alto porcentaje de la superficie del planeta, la tierra, el agua de lluvia no consigue llegar a la tierra y esto repercute en los mecanismos que regulan los ciclos naturales afectando de múltiples maneras las actividades ecológicas del contexto. Por ende, es importante estudiar los aspectos ecológicos de las cubiertas y las conexiones con el ambiente y la biodiversidad.

Una solución para recuperar las energías naturales en la arquitectura es utilizar utilizando (o sería utilizando) superficies de cubierta, cubiertas de vegetación y drenando el agua pluvial de vuelta a el sistema de drenaje público. "La cubierta juega un papel muy interesante, ya sea como captadora de sol o creadora de un microclima, a través de la creación de espacios vegetales. Éstas crean condiciones ambientales muy favorables ya que contribuyen al descenso de la contaminación con la función clorofílica de las plantas, y mejoran en suma todos los aspectos de la superficie de cubierta" [1].

En la historia de la arquitectura la superficie de cubierta ha ido tomando su lugar. "El movimiento moderno consideró la azotea como lugar extraordinario por su relación con el sol, y propuso en ella actividades de recreo. Posteriormente, la investigación decayó sin que haya prosperado una utilización adecuada de un espacio muy valioso" [2]. La superficie de cubierta es de todas las caras del edificio, la que más libertad expresiva tiene (o la que cuenta con mayor expresividad formal), ya que su relación directa con el ser humano es menos participativa que el resto. El suelo lo pisamos; los elementos de cerramiento verticales los atravesamos o a través de ellos contemplamos un paisaje o nos sirven para almacenar. En la actualidad la cubierta tiene un carácter de inutilidad, más allá del hecho de cubrir. Hoy en día, esta inutilidad puede comenzar a ganar relaciones ambientales convirtiendo a la cubierta en un elemento útil, que así como un árbol aproveche pasivamente las fuentes de energías naturales o renovables para ganar autonomía y convertir al espacio que cobija en uno más sostenible y autosuficiente desde el aspecto energético.

Notas

1. González, M. J., "Arquitectura sostenible y aprovechamiento solar. Diseño arquitectónico integral, preservación del medio ambiente y ahorro energético", Madrid: Publicaciones Técnicas, S. L., 2004. p. 83.
2. Ídem.

Bibliografía

González, M. J., "Arquitectura sostenible y aprovechamiento solar. Diseño arquitectónico integral, preservación del medio ambiente y ahorro energético", Madrid: Publicaciones Técnicas, S. L., 2004.

32

La magia arquitecturizada de la luz y el paisaje

CLAUDIO DANIEL CONENNA

Dos edificios de Rafael Moneo:
Fundación Pilar & Joan Miró- Palma de Mallorca (1987-92)
Auditorio del Kursaal San Sebastián (1990-99)

"...Me gustaría no caer en el ridículo de la equivocación lingüística, esa sensación que tenemos a menudo cuando contemplamos algunas de las arquitecturas recientes, destruidas por el intento de identificar paradigmas, olvidando los problemas reales..."
Moneo R., *El croquis,* No. 64.

1.- Lo didascálico [1] de las dos obras

Los edificios en cuestión son didácticos por varias razones básicas: 1. Por su belleza extrínseca de relación con el paisaje concreto donde se implantan. 2. Por su contenido arquitectónico que encierran en sus diversos niveles de lectura, desde la idea de partido hasta los detalles tecnológicos-constructivos. 3. Por la espacialidad interior generada desde la incorporación de la luz natural tratada. 4. Y su precisión en las resoluciones funcionales y sus respuestas formales y materiales en cada caso.

En un nivel más teórico, podríamos remarcar las relaciones que posee cada proyecto entre los tipos de organizaciones espaciales, el programa de necesidades y el lugar de implantación. Y, a partir de ellas, enfatizar la expresión lingüística que adquieren incorporando la introversión como concepto, la que pasa de ser opaca en la Fundación Miró a traslúcida en el Kursaal. Contraste que lejos de ser contradictorio, responde más bien a las necesidades concretas de cada programa y a los deseos expresivos del arquitecto con el objetivo de crear una atmósfera interior particular según el tema edilicio.

En ambos ejemplos se jerarquiza la idea de arquitectura pensada también en función del paisaje nocturno. En el Kursaal, resulta más intencionado, "dos gigantescas rocas -luminosas- varadas en la desembocadura del Urumea" [2], se incorporan al paisaje urbano y natural, más aún si son vistas desde el mar.

La diversidad material y la multiplicidad lingüística entre ambos, demuestran el anti-dogmático mensaje que encierra la arquitectura de Moneo. En ello radica la importancia de no seguir un lenguaje que lo identifique como un "estilo personal". Los dos edificios, aunque diferentes, responden al "zeitgeist" o espíritu de nuestros tiempos, donde prevalecen conceptos tales como discontinuidad, ruptura y fragmentación de lazos en todos los niveles. Con todo, la Fundación y el Kursaal poseen un hilo conector subliminal sustentado por las relaciones proporcionales, los gestos geométricos, las respuestas tipológicas y las referencias cognoscitivas históricas que los caracterizan. Más aún, y es lo que precisamente define toda la obra de Moneo: la presencia científica, dada por el conocimiento que él posee en lo teórico-histórico de la arquitectura, sumada a la poética de la creatividad arquitectónica que le dan la nota y el tono distintivos a cada obra en particular. Estos últimos componentes básicos resultan ser la savia que hace que estos dos paradigmas, cuestión del presente ensayo, y el resto de su obra, sean conceptualmente consistentes, resolutivamente sólidos y arquitectónicamente coherentes aunque en apariencia diferentes.

2.- Tipología - Geometría - Asimetría

Linealidad y radialidad son dos organizaciones espaciales conjugadas en el edificio de la Fundación Miró, en respuesta al programa compuesto por el Centro de Estudios y la Galería correspondientemente. Cluster o Grupo, incluyendo el concepto de "contenedor", es la idea más cercana con la que podemos denominar la organización espacial del Kursaal.

El concepto "sirviente-servido", característica morfológica-funcional de las plantas en las obras de Louis Kahn, se resuelven en el Kursaal verticalmente. Bajo las salas se ubican los camarines, salas de ensayo y depósitos y, bajo las plataformas espacios de circulación y servicio.

La toma contextual del terreno, particularidad esencial de los ejemplos que nos ocupan, como en casi toda su obra, es un canon constante. Cualquiera de sus edificios por su forma, abstraído del lote, nos da la idea de qué lugar de implantación se trata. A la geometría del solar, le responde con otra geometría, la propia del edificio, que en general nunca es ajena ni al terreno ni al sitio de implantación. Se crea así una situación dialogante, consiguiendo con el enriquecimiento lingüístico que cada edificio sea indefectiblemente para ese sitio y no para otro. Cada proyecto de Moneo es distinto del anterior, porque precisamente cada contexto es diferente y particular. No encontramos en sus edificios un lenguaje estilístico repetitivo cada vez. Sencillamente, proyecta aquel que se avecina con precaución al zeitgeist de nuestros tiempos sin ajustarse rigurosamente a ninguna moda, casi como buscando lo atemporal. Los dos ejemplos en cuestión revelan estas constantes con claridad.

El juego geométrico libre que la naturaleza siempre es capaz de absorber, se verifica en la sala de exposiciones de la Fundación, familiarizándose con las propuestas altianas por un lado y, con ciertos deslices "zahadidianos" controlados de ángulos punzantes, por otro. De cualquier manera, no debemos olvidar la idea de variabilidad y diversidad que poseía la obra de Miró plena de inquietud e inaprehensibilidad, conceptualizaciones que pueden verse reflejadas en la Fundación, las cuales, posiblemente hayan estado dentro de las interpretaciones de Moneo a la hora de dar una respuesta arquitectónica que albergaría la obra del pintor español. No obstante ello, la variada plasticidad volumétrica del edificio se ve contrarrestada por la severidad y rigurosidad lingüística. La sala puede asociarse a la de un baluarte de arquitectura militar. Un paralelismo similar entre las composiciones pictóricas aparentemente "naif o infantiles" de Miró y la sobriedad de su imagen personal dada por su vestimenta, muy lejos de la de los "bohemios" pintores de la modernidad. Probablemente, el común denominador que encierran ambas comparaciones sea la idea de lo defensivo. En la Fundación, defensa frente a las insensibles construcciones vecinas nuevas, en Miró, ante la sociedad.

La planta de techos de la sala de exposiciones se plantea como forma única a modo de estanque estrellado, mientras que en la planta propia de la exposición, se deconstruye en planos ciegos y traslúcidos proponiendo a su vez espacios simultáneamente articulados, dinámicos y fluidos, de variada iluminación y atmósfera. Tales gesticulaciones contribuyen a conformar su articulada fachada exterior.

Los planos ciegos que crean esa espacialidad son incisivos sin ser agresivos y, permiten por su conformación "semi-estrellada" una interesante interpenetración formal con la naturaleza del sitio. El concepto de interpenetración es posible advertirlo también a nivel visual, por la permeabilidad generada en el edificio oblongo hacia el jardín mediante la galería longitudinal y el porche de ingreso.

La dinámica planimétrica del lugar donde se implanta el Kursaal, -un triángulo peninsular comprometido con la trama urbana, la desembocadura del Urumea y la costa del mar Cantábrico- pretendía una propuesta ajustada, sencilla y al mismo tiempo, orientada hacia horizontes arquitectónicos atemporales que refuercen la idea de hito.

En este sitio geográfico rico y variado, dos cubos y una plataforma resuelven con naturalidad un problema de gran complejidad arquitectónica. Se trata de un gesto escultural más que de un edificio. Resulta ser como una escultura en una plaza, la cual jerarquiza un espacio, crea un landmark, define y completa un sitio, respondiendo al Genius Loci del lugar.

A estos dos conceptos de tipología y geometría debemos agregar el de asimetría. La asimetría, importante herencia compositiva de la modernidad, la que enriquece espacial y formalmente las composiciones arquitectónicas en general, le otorga además, como es posible comprobar en las dos obras en cuestión, dinamismo y libertad. La asimetría en ellas se da desde la implantación hasta la definición de los detalles funcionales, espaciales, formales y lingüísticos. Al liberarse de la rigurosidad axial de la simetría los espacios propuestos generan curiosidad y sorpresa.

3.- Fragmentación y Compacidad [3]

La arquitectura de Moneo [4] se distingue y está reflejada en los dos ejemplos que nos ocupan por ser inclusiva. La arquitectura inclusiva es la que consigue incluir de manera sintética una amplia gama de soluciones. Durante el proceso de sinopsis compositiva ellas se re-formulan, se re-crean para definirse con un lenguaje propio. Están basadas en los cánones creativos de la modernidad, aquellos que permiten que una arquitectura del "tipo", y no del "modelo", sea capaz de renovarse continuamente en el tiempo. En otras palabras, la arquitectura del "tipo" posee por su flexibilidad, la capacidad efectiva de actualización, re-utilización y re-adaptación a los nuevos programas que cada época propone.

En la Fundación y en el Kursaal, la respuesta geométrica formal edilicia acompaña a la tipológica funcional-espacial. En las dos obras se materializan los conceptos de fragmentación y compacidad, sobre los que Moneo a menudo reflexiona.

La Fundación presenta con claridad la idea de compacidad con cierta fragmentación. La compacidad se verifica en los dos volúmenes básicos de la propuesta, con formas netamente claras y definidas en la media estrella deformada de la sala de exposiciones y la placa oblonga del resto del programa: administración, salas de estudio, biblioteca, auditorio, etc. La fragmentación por su parte, resulta legible en la manipulación de los planos que conforman los volúmenes básicos. Leemos fragmentos de espacios semi-cubiertos, fracciones de planos con forma de flechas que generan sectores expositivos, superficies parciales de agua a distintos niveles de altura, fragmentaciones murarias, abiertas, ciegas y semitransparentes lineales (parasoles). Del mismo modo, pero en términos teóricos, existe una clara anagnórisis fragmentaria de rigurosa ortogonalidad y funcionalidad moderna dialogante con la modernidad renovada del regionalismo crítico y la deconstrucción.

En el Kursaal, por otra parte, se observa la idea de fragmentación oculta de la planta con una neta compacidad edilicia que responde al medio urbano, pero que al mismo tiempo por su liberalidad de implantación más su abstracción geométrica y material, responden al contexto natural asemejándose a dos rocas luminosas a orillas del mar. El sitio de implantación es clave, resulta ser como lo es en otra escala la fachada de un edificio, límite entre dos situaciones diversas: la exterior y la interior. El Kursaal presenta esta característica similar, pero a escala urbana, entre la ciudad y el mar, pertenece al medio urbano y también a la naturaleza.

Existe igualmente una idea de fragmentación en el orden intelectual, aunque la obra se presente compacta y consolidada con un lenguaje propio de Moneo. Es posible leer en las dos obras en cuestión, fragmentos proyectuales de otras arquitecturas a saber:

La Fundación ofrece, en una primera lectura, cierta fragmentación de la tradición arquitectónica plástica y blanca mediterránea, la que se verá enriquecida al adaptarla a la realidad programática actual interpretando la modernidad. Por ejemplo, la organización lineal conjugada con la radial, se acerca a las propuestas de Aalto para edificios culturales, concretamente nos referimos a las Bibliotecas [5]. El lenguaje del estrellado sector dedicado a las exposiciones con sus parasoles horizontales, se asemejan al de la sala de lectura de la biblioteca de Seinäjoki. No obstante ello, la articulación plástica de la planta -no así la volumétrica- se aproxima al Edificio de Reima Pietilä para la Unión Estudiantil del Politécnico de Dípoli, Finlandia (1961-66). La iluminación cenital sobre la sala de exposiciones materializada a modo de esculturas funcionales "canons à lumière", aparecen con el mismo criterio escultural del monasterio de La Tourette sobre la cubierta plana de la cripta con forma poligonal y de la sacristía de forma cilíndrica. La idea de esculturas geométricas en el agua se observa en el estanque de la cisterna de la Capilla de Ronchamp donde sobresalen volúmenes a modo de esculturas geométricas flotantes. Es de destacar en el proyecto de la Fundación Miró, el rasgo evolutivo del concepto corbusierano de le toit jardin transformado en un le toit étang.

En el Kursaal la articulación fragmentada de las plantas se puede asociar a la propia del convento de las Hermanas Dominicas (1965-68), proyecto de Louis Kahn. La idea de la plataforma parece tener un claro antecesor: la Opera de Jørn Utzon en Sydney (1956-74). Los gestos totalizadores de las formas limpias y claras del Kursaal, por un lado, y las dinámicas en el juego de sus inclinaciones y la forma de volúmenes desfasados, hacen referencia a la obra de Frank Gehry durante la década del 70 en California [6].

Es igualmente interesante rescatar la influencia de Aalto en el juego arquitectónico que él desarrollara para teatros y auditorios. En ellos, la forma exterior es libre e independiente de la volumetría compacta interior de la sala. Aunque debemos reconocer que en la organización espacial de los vestíbulos, las propuestas de Moneo son diferentes a las de Aalto, ya que mientras el maestro finlandés organiza un único espacio de ingreso [7] para dos o más salas-auditorios, Moneo los independiza.

Las dos obras que nos ocupan tienen un doble interés; por un lado, resultan atrayentes per sé, por su calidad arquitectónica en todos los niveles de análisis; y por otro lado, quien conoce de arquitectura puede entenderlas más profundamente desde la cognición, al descubrir referentes y la re-elaboración ensamblada de detalles de la arquitectura del pasado inmediato.

4.- Luz y paisaje

La Fundación y el Kursaal son propuestas genuinamente topológicas enriquecidas con un lenguaje arquitectural actualizado. No es casual que cada edificio de Moneo goce de individualidad y personalidad propia, producto de su rico bagaje teórico-cultural de la arquitectura y de las lecturas profundas que él mismo hace de cada "topos", el que siempre esconde un secreto y valor inusitado por su topografía y su cultura tópica. Los dos edificios que estudiamos, enaltecen los lugares geográficos donde se implantan. La Fundación exalta la ladera orientada hacia la bahía de Palma y el Kursaal el encuentro de la desembocadura del río Urumea con el Atlántico.

Por otra parte, la luz ha sido un elemento con el cual estas obras fueron concebidas. Recibir la luz natural y transformarla en atmósfera apropiada para cada espacio -museológico en Fundación, social en el Kursaal- a través del uso de materiales apropiados, -alabastro en la Fundación, doble piel de vidrio en el Kursaal-, nos lleva a pensar cuán importante es el mensaje que recibimos del manejo luminar a la hora de crear un espacio íntegro para las actividades del hombre y sus instituciones. Podríamos señalar cuán imbuido ha estado Moneo del conocimiento filosófico-arquitectónico kahniano, cuando éste nos dice que la luz "es realmente la fuente de todo ser" [8] Y entendiendo ello, podemos advertir cómo un espacio adquiere significado esencial cuando se ve enaltecido por la luz natural. Un espacio se ve enriquecido, dignificado, plenificado cuando su iluminación crea la atmósfera cálida ideal para la actividad que en él se llevará a cabo. Se trata de una aromatización espacial como de un cromatismo en lo musical.

La iluminación en la Fundación es más puntualizada que en el Kursaal, el que presenta una iluminación más difusa y homogénea. En la Fundación, la luz proviene de diversas fuentes lumínicas, mientras que en el Kursaal, nos encontramos con una completa y traslúcida envolvente vidriada.

La iluminación fragmentada de la Fundación se materializa por medio de lucernarios, claraboyas, grandes superficies traslucidas, y las ventanas, en su mayoría ocultas detrás de los parasoles.

La relación formal y luminar del Kursaal con el paisaje es plena y evidente. Aquello que aún quedó en el camino, pudiéndose resolver de manera más generosa, es la relación del hombre entre el edificio y el paisaje. El Kursaal es exageradamente introvertido. Es una pena que se le haya privado de la continuidad interior-exterior miesiano-wrightiana. De aquí que resulte extraña la estrategia arquitectónica innovadora del material, pues, el vidrio tiende a implicar transparencia y relación interior-exterior, sin embargo, en este ejemplo, no. El vidrio aquí implica, ligereza, traslucidez, liviandad y luminosidad pero no visuales. Es de destacar en este gesto, su estructura materializada en acero la que soporta el doble revestimiento vítreo con un lenguaje uniforme para los dos paralelepípedos. Se trata de un "Palacio de Cristal" actual aunque con fines diferentes a los de Joseph Paxton durante el siglo XIX inglés.

Moneo plantea pieles envolventes con energía luminosa hacia adentro durante el día y hacia afuera en horas nocturnas. Y, aunque la resolución lingüística sea sencilla lejos está de ser simple, pues resuelve un tema luminar paisajístico que con aberturas corrientes, por grandes que fueran, difícilmente se hubiera logrado.

5.- Epílogo

Tipos, topos, tropos son tres constantes claves en la arquitectura de Moneo que se ejemplifican en las dos obras que acabamos de tratar.

Los "tipos arquitectónicos" que él utiliza, los cuales se hallan distantes de cualquier modelo, provienen de un estudio analítico de la arquitectura con valor histórico-proyectual aplicados cada vez a una necesidad programática concreta. Los "tipos" ofrecen esa flexibilidad de cambio permitiendo incontables variaciones de un esquema para una mejor adaptabilidad. Cosa que no ofrece un modelo, cualquiera que sea.

Los "topos" poseen el carácter inclusivo del sitio como lugar físico-geográfico y su propia cultura o tradición. Saber leer entrelíneas estos detalles intrínsecos de un "topos" para dar respuestas acorde con cada época, significa entender en profundidad lo que él requiere. Ello lleva implícito el alejamiento de la banal imitación contextualista. Ser contextual no significa ser contextualista. El contextualismo es al "topos" lo que el modelo es al "tipo".

Los "tropos" están relacionados con los modos figurados de interpretación arquitectónica que Moneo hace de lo que conoce y su posterior reelaboración y transformación. Ellos tienen que ver estrictamente con lo metodológico. Por consiguiente, nos enseñan una manera de cómo se encara un proyecto de arquitectura en un determinado lote, respondiendo a un programa preciso, elaborando cada paso creativamente desde una actitud sensible y observante. Así, los "tropos" le dan conjuntamente el tinte científico y artístico que la arquitectura requiere para que pueda expresar lo que desea ser.

Los conceptos tipológico, -estudio de los tipos-, topológico -observación profunda de un topos- y, tropológico, ligado directamente al modo de transformación de lo que un diseñador conoce, sabe e interpreta, se descubren en la arquitectura de Moneo y consecuentemente en la Fundación y en el Kursaal. Lo tropológico en el caso de Moneo, encierran lo tipológico y lo topológico y, de esta manera lo tropológico adquiere un contenido poético que enriquecen aún más el valor didáctico que sus obras poseen. Estas dos en particular son un ejemplo patético de ello.

Notas

1. El término didascálico intenta expresar además del valor didáctico de ambas obras, el poético.
2. Moneo R., "Paradigmas de fin de siglo", Madrid: Croquis, No. 98, 2000, p. 89
3. Moneo R., op. cit., pp. 198-202.
4. Conenna C., "R. Moneo una lección de Arquitectura", ensayo no publicado.

5. Las Bibliotecas de Alvar Aalto con tales características tipológico-morfológicas se verifican en Seinäjoki (1963-65), Rovaniemi (1963-68), Mount Angel Benedictine College, Oregon (1965-70).
6. Entre otras obras de Gehry durante la década del '70 podemos mencionar: Ron Davis House, Malibú - California (1972); Shoreline Aquatic Park Pavilions, Long Beach - California (1976); Cheviot Hill House (mobiliario), Los Ángeles - California (1978); Wagner House, Malibú - California (1978).
7. El Palacio de Congresos y de Conciertos de Helsinki (1971-73) así como también los auditorios del Centro Cultural de Wolfsburg (1963). Son dos ejemplos de este tipo de resolución.
8. Lobell J., "Between silence and light, spirit in the architecture of Louis Kahn", Colorado, 1979, p. 22

Bibliografía

Conenna C., "R. Moneo una lección de Arquitectura", ensayo no publicado.

Lobell J., "Between silence and light: spirit in the architecture of Louis Kahn", Colorado, 1979.

Moneo R., "El Croquis Rafael Moneo 1990- 1994", Madrid: Croquis, No. 64, 1995.

______, "Paradigmas de fin de siglo", Madrid: Croquis, No. 98, 2000.

Escapada a Venecia

EFI CUBERO

I

Brilla el sol sobre Venecia. Desde el avión -maqueta, damero, mosaico- la altura desdibuja los trazos de esta ciudad prevista; a menudo entrevista, que parece más irreal si cabe, borrosa en el paisaje lo mismo que una líquida burbuja flotando sobre el tiempo. Sin embargo, en esta especial visita, yo procuraré o lo intentaré al menos, aislarme de lo preconcebido, del implacable escorzo de los documentales o de los inevitables tópicos de su topografía perpetrados por los guías de turno para turistas ávidos de lugares comunes y estéticas, o estáticas, emociones al uso. Inicialmente mantengo este propósito, el de blindarme de las secuencias de tantos escritores admirados, que han hablado de ella, olvidar fotogramas magistrales e incluso melodías que me acerquen al rasar de los remos por sus aguas. Pienso entrar en Venecia como por una casa señorial justo al revés de lo recomendado: o sea por la puerta de servicio, que es pisar sobre la tierra humilde y no a través del agua omnipresente frente al lujo ampuloso y delicado de sus bellas fachadas palaciegas que sería lo correcto o previsible. Los puristas, sin duda, me insistirían sobre el tema poco más o menos con estos argumentos: Has de abarcar primero la perspectiva única de este lugar de ensueño, desde el agua, donde es posible admirarla en todo su esplendor. Por el agua accedían siempre a sus mansiones los nobles y los potentados de la eterna Venecia, subiendo escalinatas de sumergidos peldaños sobre el aliento turbio de los canales. Jamás por tierra entraban los señores. Los puentes fueron tendidos para el pueblo, para los comerciantes, para los servidores, para los artesanos...

-Ya dejaré esa idílica visión para más tarde-, me digo mentalmente, mientras que de la manera más natural posible mis pasos, discretamente anónimos, deambularán sin prisa por los intrincados dédalos de su laberíntica arquitectura.

Comienzo a recorrerla frente a la Ferrovía, en la Plaza de Roma, en este instante un lugar agitado. Entre otras cosas, por las 420 toneladas que se les vienen encima debido sobre todo a la reciente construcción del Puente de Santiago Calatrava. Puente tendido sobre el Gran Canal frente a este sitio. La moderna estructura de 85 metros preocupa y no poco en estas fechas, a los celosos guardianes de la ciudad intocable. Los puentes diseñados por los arquitectos del futuro van uniendo ciudades. Enlaza Calatrava, Mérida con Venecia y con Sevilla, mediante las reconocibles siluetas de la uniformidad de un estilo preciso. Sin embargo, los tres enclaves únicos pertenecen al mundo.

2

Son ciudades eternas sobre el pozo profundo y diferente con el que sostener su hegemonía. Por los traslúcidos cortavientos de la modernidad, que este puente ahora mismo representa, las exquisitas joyas de policromos mármoles, aguardan al viajero con su impactante luz de permanencia. Hay que mirar al cielo de las cúpulas y descubrir su fondo en la movilidad de los azogues. Reflejos, mutaciones. Elipsis en los cambiantes planos que los ojos persiguen. La mirada se pierde en los detalles, deambula fascinada lo mismo que los pasos, en permanente fuga hacia el olvido.

Me comentan ahora que aunque, lógicamente, siempre habrá división de opiniones al respecto, la parte de Venecia innovadora y ágil, se muestra satisfecha por quebrar de algún modo, sin dañarla, la inmutabilidad de sus perfiles. No olvidemos tampoco que también en diversos lugares estratégicos podemos admirar magníficos ejemplos de arquitectura contemporánea de primerísimo orden, el jardín de la Fundación Querini-Stampali, o la puerta de entrada de su Facultad de Arquitectura, apuntando tan sólo dos ejemplos; por no hablar de la importancia de su famosa Bienal cargada de propuestas artísticas, rompedoras, desconcertantes, interesantísimas casi siempre.

Cuatro serpenteantes kilómetros sostienen la más original y hermosa de las calles mayores, sólo que una no es Dios y no puede por tanto caminar sobre las aguas. Me limito a observar desde la orilla el tráfico fluvial y admirar los Palacios que flanquean el Gran Canal, el Cielo parpadea sobre el agua y el agua le devuelve luz al Cielo.

Hay pasajes secretos e imposibles que me llevan a una calle distinta que no tiene salida, siempre el agua que aparece sin más bajo mis pies cortándome las alas, a veces la calle desemboca en un sencillo patio de vecinos. En el centro, el sempiterno pozo, como sereno aljibe que presidiera el centro del silencio; distinto en cada sitio. Brocal festoneado con gracia principesca ensalzando lo simple y enriqueciendo lo sencillo. Huele a café y a pizza, a pasta hervida y a menudo a albahaca. Mucha vida y mucha obra se agita sobre la Sereníssima República. Un hervidero interno que anuda las urdimbres que se van destejiendo lentamente sin llegar a romperse. Casi apenas se sienten ni se ven, pero todo un ejército de artesanos y artistas hormiguea en el subsuelo mientras resuelve como puede, con técnica y oficio y a veces con ingenio, los miles de problemas planteados en torno a la perpetua inestabilidad de todo lo que rodea tan frágil arquitectura. Todo se balancea y se corrompe, mas todo se repara lentamente. Cada pequeña trama requiere su personal registro, un minucioso proceso que culmina en una restauración casi perfecta.

3

Eso lo saben muy bien los venecianos que no cesan de hurgar permanentemente sobre su historia y su intrahistoria, sin puntadas en falso, pues todos saben bien lo que se juegan. Es valioso -lo aprenden desde niños- el tejido difícil que manejan, exquisito y complejo. Con la misma pasión odian y aman este legado único que no les queda otra que compartir con todos.

Es sabido que ya en el siglo V se fundaron las bases de este sueño que algunos no creyeron imposible. Eligieron la madera del larix, árbol especialmente resistente al agua y a la persistencia del deterioro. Sobre los palafitos plantados en la Laguna se crearon las primeras viviendas y en torno a ellas las redes inextricables de un complicado laberinto de agua con el que sorprender y de paso defenderse del enemigo. La fascinante historia bien puede rastrearse en cualquier guía o enciclopedia. En torno al Gran Canal se fueron expandiendo las arterias, más de cuatrocientos puentes uniendo las 118 islas forjando un entramado hecho de materia y espíritu, de astucia y de férrea voluntad.

Me dejo seducir como otros muchos por la profundidad del arte reflejado, pero también por lo trivial y cotidiano; por la gente del véneto, de alguna forma ajena a la invasión continúa de tan sensible espacio. Algunas de las góndolas permanecen varadas, sobre ellas la expuesta mercancía de frutas y verduras sorprende al caminante bajo un orden distinto. Los blancos corazones de las alcachofas, por ejemplo, flotan sobre las aguas del barreño perfectamente limpias, el olor de la fruta dispuesta con elegancia sobre la aparente precariedad del balanceo, los mercados al aire libre en las pequeñas plazas rebosantes de vida, las voces del tendero pregonando la oferta, los mercados, donde el arte rebosa por los muros sobre las refinadas geometrías. No obstante, la erosión es patente en muchas zonas, en parte por las aguas y en gran medida por los excrementos corrosivos de las palomas que campan a su antojo sobre todo por los principales monumentos.

Sus implacables picos van devastando los bajorrelieves y las magníficas estatuas, algo que trae de cabeza a la superintendencia arqueológica de la ciudad. Recientemente el responsable de la conservación de la Basílica de San Marco, Ettore Vio, pidió, encarecidamente, que se tomaran urgentísimas medidas sobre esta preocupante y masiva presencia de palomas.

Vivaldi en todas partes suena como un milagro repetido.

Los estilos se enlazan a mi paso como una sinfonía que lo evoca: el gótico, florido como la primavera veneciana. La asfixia del barroco, sensual como un verano ardiente. El purista y reflexivo arte del renacimiento como un otoño pensativo y hondo. El románico, de gruesos y acogedores muros.

4

Despojado, tan puro y sobrio como la lluvia sobre los vitrales, como la nieve en un invierno de interiorizaciones... Hay una clave armónica anudando los tiempos, fundiéndolos en un sólo latido que refleja a los siglos, igual que los canales las edificaciones.

Pienso en Andrea Palladio mientras contemplo la iglesia de San Giorgio Maggiore recortarse sobre el horizonte junto al extremo occidental de la Isla de la Giudecca. Me he detenido antes frente a la de Il Redentore. He pensado en sus sueños platonianos, en su incansable creatividad, en esa concepción de ver el Arte, frente a una época que lo asfixiaba, desde la perspectiva de los antiguos templos de los paganos dioses. Misterioso, cautivador Palladio, proyectando el espíritu de los órdenes clásicos en una tan sólida como imaginativa y enigmática arquitectura. Me hubiera encantado poder ir a Vicenza, su patria chica, descifrar sus misterios, o sus claves, contemplar el famoso Teatro Olímpico o esa Villa Rotonda tan distinta y perfecta; pero queda tanto por andar en Venecia, por navegar, por contemplar que muchas cosas son, en esta estancia al menos, imposibles para mí.

Al pasar por el embarcadero de Fondamente Nuove, que se halla al norte de San Marco, dudo en tomar la línea 52 y plantarme en el cementerio de San Michele que acoge el descanso de tantos creadores fallecidos aquí para más tarde acercarme a Murano, la isla del cristal. Finalmente -ni lo uno ni lo otro- las contemplo de lejos y sigo caminando.

Sí que visitaré algo más tarde una fábrica de cristal en la propia Venecia con su correspondiente parafernalia artesana pensada para turistas.

Al final, frente a un maravilloso despliegue de piezas deslumbrantes, la tarjeta de crédito baja que es un contento. Pocos se resisten a llevarle tan delicado presente a cualquier miembro de la familia. La verdad es que los venecianos tienen, desde antiguo, el olfato bien desarrollado para vender lo que les plazca. Con la habilidad añadida de hacerle creer al posible cliente que en realidad les están haciendo el inmenso favor de ofrecerles belleza; algo, que en cierta forma, bien puede ser verdad.

Una actitud, si bien educada, particularmente desdeñosa, he podido observar en los establecimientos cara al público: Hoteles, restaurantes, bares, etc. (otra cosa es la gente de la calle, amabilísima) los camareros, o los dueños, no se molestan en perder el tiempo en cortesías, sobra gente que paga sin rechistar por todo lo imaginable y aquí hay que pagar por todo. En su favor diré, que el "decorado" maravilloso y único de la sin par Venecia, con sus amaneceres y sus atardeceres de una luz irreal e inabarcable -como todo lo auténtico- es totalmente gratis.

5

Cada interior, sea palacio o iglesia, guarda tesoros que merecen contemplarse. Tiziano, Tintoretto, Veronés, Tiépolo, Guardi, Canaletto por citar sólo a algunos, laten sobre sus obras y nosotros, con ellas, sentimos que algo grande y sagrado trasciende al ser humano. Cruzo por el puente de Rialto y a continuación piso las losas de piedra de Istria que tantos han pisado.

Me detengo frente a la Basílica, podría describir este momento, y muchos otros, pero queda el silencio en la memoria y en la contemplación, Sólo dejo - eso sí- un poema brevísimo de J. Luís García Martín, titulado Venecia, que cifra el recorrido: El samovar de plata entre las olas.

52

De paisajes poéticamente habitados

MARÍA ELENA HERNÁNDEZ ÁLVAREZ

Francisco González León nació el 10 de septiembre de 1862 en Lagos de Moreno, Jalisco.

Enamorado de sus paisajes urbanos, meticuloso observador de los objetos que ocupan las habitaciones, de los olores que impregnan los ambientes y que definen fronteras de habitabilidad, de las réplicas virtuales de la arquitectura en los espejos del río, en los estanques y hasta en los pequeños pilones, González León tiene mucho qué decirnos a los arquitectos.

Poeta de espacios que se habitan a ritmo de provincia, de su provincia, en la cual centra buena parte su obra, y particularmente en tres "estaciones": la parroquia, el convento y su casa, sitios que integran un triángulo sagrado que él ama y recorre cotidianamente percibiendo su palpitar, sus transpiraciones.

Para Francisco González León su parroquia es más atmósfera que teología; este recinto espiritual churrigueresco lo evoca en la palabra con singular cuidado para leerse desde todos los sentidos humanos: el olor a incienso que se sienta en las sillas abaciales; el aroma de jazmines impregnando al atrio y también a una santurrona que pasa por ahí "persignándose en su inopia"; los cuchicheos de niños que se portan mal a la hora del rosario; los fierros que por viejos rechinan en el barandal del comulgatorio; los clamores y secretos celosamente guardados en las bancas; las campanas llamando a misa de doce que asustan a algún palomo perezoso en la cornisa de la fachada.

El Convento de las Clarisas, muy cercano a su hogar, marca también su sensibilidad frente a los espacios arquitectónicos; así, descubrimos en su obra olores a galletas recién horneadas, el griterío de chicos a la salida del catecismo, todos formaditos y listos a devorar el premio de recortes de hostia, el pilón que refleja la quietud del convento y hasta la celda con una vela aún encendida que de noche él espía desde lejos, como adivinando morbosamente las tentaciones de una monja.

La casa del poeta, rescrita en sus versos, es autobiográfica. La libertad de recorridos íntimos en ella, expresados con fina elegancia, revela la fascinación que en él ejercen las "presencias-ausentes", de su amada esposa Petra, de momentos compartidos alrededor del fuego, de historias encerradas en antiguos objetos o en amarillentos retratos de antepasados, de exquisitas meriendas casi conventuales, "mi casa -dice el poeta- tiene algo de capilla, ternuras de capillas interiores; ternuras que se fueron de puntillas/ temerosas tal vez de algún desaire" (Flores, 1990). Todos estos ambientes, bellamente poetizados, ineludiblemente provocan en el lector de la obra del laguense la nostalgia y el anhelo de vidas pasadas o futuras plenas de esencialidad.

Los espacios urbanos de su ciudad natal, minuciosamente observados, los atardeceres contemplados desde una banca en la plaza; las calles, generalmente vacías de personas que acaban de pasar, "algún aparador madrugador/ que en su cristal retrata/ las prisas de alguna beata" (Flores, 1990). La gota de rocío que amenaza con rendirse al fin de la hoja de un rosal; todo esto lo captura y lo eterniza en su poesía: "La campana de hoy es la de ayer/ y ha de ser la campana de mañana" (Flores, 1990). Así, la obra de este poeta es también un valioso documento historiográfico para la arquitectura, quizá más elocuente que muchos otros. Poeta de percepciones sensoriales y místicas a flor de piel, pero que no lo evidencia todo; sin duda, múltiples sonidos, olores o vistas se sugieren -quizá intencionalmente- para regalo del lector, para asomarse sorpresivamente tras las líneas de sus versos, como la firma de sus paisajes. En este sentido, en González León se cumple aquella idea de que, si bien una imagen visual vale mil palabras, la palabra poética evoca un sinfín de imágenes.

Además, la parroquia, las calles, los parques, el convento, su casa, su aspiración mística y también su fino erotismo con frecuencia se presentan en su obra poética enmarcados por el agua; en efecto, el poeta identifica muy diversas presencias del agua en su amada provincia y con ello acompaña, acentúa y embellece todavía más los espacios habitados, los abrazos humanos.

Un par de ejemplos a continuación ilustran lo dicho hasta aquí:

"La gotera"

Llovió toda la noche.
La llovizna final aún parpadea
un húmedo rumor en la azotea;
archivo de hojas que moviera el viento.
La oscuridad del ámbito se duerme
desvelada dentro del aposento.
La lluvia ha hecho
que se filtre el agua
y se traspase el techo
destilando metódica en la estera
del piso de la pieza,
una gotera.
Esbozo musical que se devana.
...Ritmo alterno
de arteria o de campana:
Tic...
Tac...
Si motivos de música de cámara
la llovizna ejecuta,
la gotera en el suelo pertiguea
la ley de una batuta.
Hay algo que recóndito se afina;
la oscuridad es morfina
propia para soñar.
Ábranse de par en par
los sencillos postigos de la infancia.
Perspectiva interior de la distancia,
que tan cerca del alma se veía:
la vieja casa conventual y fría;
las grandes y recónditas alcobas;
los cuentos de los duendes que ahí andaban
cambiando de lugar a las escobas.
Y el bullicioso gozo;
y el asomarse al pozo
por distinguir la arruga

que en el agua dejaba la tortuga.
Recóndita virtud de aquellas cosas
que se amplían en el alma a la manera
del vidrio de una esfera.
Gotera
de renguera
desigual:
Tic...
Tac...
Clepsidra cuya gota horada el tiempo
con caída de ritmo vertical;
rumor que asemeja al de la péndola
que en la sala de ambiente colonial
rebanaba el silencio de las horas
con el filo de su disco de metal

"Agua dormida"

Agua dormida de aquel pilón:
agua desierta;
agua contagiada del conventual
silencio de la huerta.
Agua que no te evaporas,
que no te viola la cántara,
y que no cantas, y que no lloras.
Tu oblongo cristal
es como el vidrio de una cámara fotográfica
que retrata un idéntico paisaje
de silencio y de paz.
Tus húmedos helechos,
un cielo siempre azul, y quizás
un celaje...
Tú a la vida, jamás, jamás te asomas,
y te basta de un álamo el follaje,
y en las tardes un vuelo de palomas...
Agua dormida,
agua que contrastas con mi vida,
agua desierta...
Pegado a la cancela de la huerta,

de sus rejas detrás,
¡qué de veces de lejos te he mirado!
y con hambre espiritual he suspirado:
¡Si me dieras tu paz!

Este breve texto con admiración y profundo agradecimiento a un gran poeta mexicano, quien nos convence de que, como dice Holderlin, "sólo poéticamente es como el hombre habita en la Tierra". Francisco González León es uno de los poetas que mejor nos permiten comprender y comprometernos de otra manera, de manera poética, con la arquitectura.

Notas

Flores, Ernesto, "Francisco González León. Poemas", México: Fondo de Cultura Económica, 1990.

* Artículo publicado en Bitácora No. 16, revista de la Facultad de Arquitectura de la UNAM.

Bibliografía

Flores, Ernesto, "Francisco González León. Poemas", México: Fondo de Cultura Económica, 1990.

58

El no-lugar
¿Domesticar o ser domesticado por el espacio?

IAN M. HOYOS LUNA-BARRERA

"Vivir actualmente lleva consigo aceleración -o deceleración- en lo que supone pasar de un código a otro, transferir un impulso a otro y, enfrentarse a diferentes situaciones desde distintas posiciones cambiantes. Vivimos en una era de transición".
Wiel Arets, *Transition*

Partiremos, si les parece, de una sencilla fórmula: la velocidad se define como el tiempo que le toma a un cuerpo el recorrer cierta distancia (V = d/t). Ahora bien, si al término "distancia" le despojamos de sus características netamente mesurables (racionales) y lo reemplazamos por Espacio, al reintroducirlo en la fórmula obtendremos la trilogía "Tiempo, Espacio, Velocidad", son estos tres factores, más la adición de dos componentes esenciales que son el hombre y su interacción (o carencia de ella) con sus semejantes, en relación a su contexto inmediato, y las respuestas (fenomenológicas) a sus características propias, los que servirán de soporte y medio para la creación de lugares y no lugares.

Ya sea que nos refiramos al lugar o al no lugar en ambos casos es imposible separarlos de su raíz común que es el Espacio [1]. De la misma manera en que no podemos tener una idea clara de él sin su componente principal el tiempo, y es este último, su aceleración constante en nuestra cotidianeidad (Léase velocidad o pulso de la vida moderna), y los excesos que conlleva, los rasgos característicos de lo que Marc Augé denomina como sobremodernidad, el dominio predilecto de los no lugares a los que acudimos en busca de anonimato y fuga momentánea [2].

Para poner en contexto (si vale el término) la idea de no lugar me referiré en primera instancia al concepto de:

Sobremodernidad

Según Marc Augé la situación sobremoderna amplia y diversifica el movimiento de la modernidad, y es signo de una lógica del exceso: el exceso de información, el exceso de imágenes y el exceso de individualismo. Desde la génesis misma de la modernidad y su reflejo en las nuevas tecnologías que dieron lugar a una experiencia cualitativamente distinta, la de "ser Moderno", el habitante del siglo XX se introdujo a toda velocidad en ámbitos completamente nuevos, no sólo en términos geográficos, sino también interpersonales, emocionales y culturales.

En lugar de ver la acogedora campiña o vastos paisajes, los viajeros, los habitantes urbanos se enfrentan a un collage caleidoscópico de imágenes y sonidos. Lo que antes estaba contenido en espacios separados, ahora se mezcla y entrecruza.

En la modernidad, la percepción del tiempo experimenta un cambio radical. Las nuevas tecnologías de administración, como el "taylorismo" y el "fordismo", alteraron la forma en que las personas se comportaban, asemejándolas al común denominador de unidades de trabajo y de consumo masivo.

De la misma manera la percepción de velocidad da un giro proporcionalmente inverso, puesto que en la medida en que más rápido nos desplazamos (o creemos que lo hacemos) realmente más estáticos permanecemos, este fenómeno es apreciable de manera más clara en el desarrollo de las telecomunicaciones; desde la transmisión del primer mensaje telegráfico público en 1844 hasta la aparición de Internet a comienzos de 1990, y su incesante crecimiento hasta nuestros días, el ritmo apabullante de la modernidad, y el flujo cada vez mayor de información ha relativizado nuestras nociones de velocidad, tiempo y espacio, sobretodo este último, hasta el punto en que no hace falta ser para estar y más aun cuando las funciones de nuestra vida diaria nos exponen por lapsos cada vez más prolongados a espacios virtuales [3].

Es este mismo aislamiento productivo, sus implicancias en la vida doméstica y en la sociedad de consumo, que se desplaza cada vez con mayor velocidad y a mayores distancias, lo que se traduce al pasar por el lente magnificador de la sobremodernidad como la búsqueda de un mundo prometido a la individualidad solitaria, a lo provisional, a lo efímero y a la similitud. La pérdida del sujeto en la muchedumbre.

La relación con los medios de comunicación puede generar una forma de pasividad que expone cotidianamente a los individuos al espectáculo de una actualidad que se les escapa; una forma de soledad que los invita a la navegación solitaria y, en la cual, toda telecomunicación abstrae la relación con el otro, sustituyendo con el sonido o la imagen, las relaciones interpersonales de la exposición cuerpo a cuerpo y cara a cara; en fin, una forma de ilusión que deja al criterio de cada uno el elaborar puntos de vista, opiniones en general bastante inducidas, pero percibidas como personales.

Pasividad, soledad e individualización son entonces características que se han emancipado, expandido, renovado y democratizado en el mundo de la sobremodernidad, la misma que impone a las conciencias individuales experiencias y pruebas muy nuevas de soledad, directamente ligadas a la aparición y a la proliferación de:

Los no lugares

Al definir el Lugar (antropológico) como un espacio en donde se pueden leer la identidad, la relación y la historia, Augé propone llamar no lugares a los espacios donde esta lectura no es posible. Estos espacios cada día más numerosos son:

Los espacios de circulación: autopistas, áreas de servicio las gasolineras, aeropuertos, vías aéreas.

Los espacios de consumo: súper e hipermercados, cadenas hoteleras, etc.

Los espacios de comunicación: pantallas, cables, ondas con apariencias a veces inmateriales.

En primera instancia podemos decir que estos nuevos espacios no son lugares donde se llevan a cabo relaciones sociales duraderas.

Los individuos se mueven sin relacionarse, ni negociar nada, pero obedecen a un cierto número de pautas y de códigos que les permiten guiarse cada uno por su lado. Estos no lugares se yuxtaponen, se encajan y por eso tienden a parecerse. En la soledad de los no lugares puedo sentirme un instante liberado del peso de las relaciones. Este paréntesis parece ser inocente, pero no nos imaginamos que pueda prolongarse más allá de unas cuantas horas.

Es necesario aclarar que la oposición entre lugares y no lugares es relativa. Varía según el tiempo de exposición a éstos, las funciones, los usos y los usuarios. Según los momentos un estadio, un monumento histórico, un parque, ciertos barrios de la ciudad no tienen ni el mismo esplendor ni el mismo significado de día o de noche, en una fecha histórica, o en un desolado día de elecciones, en las horas de apertura y cuando están casi desiertos.

Está claro que es también el uso lo que hace el lugar o el no lugar: el viajero de paso no tiene la misma relación con el espacio del aeropuerto que el empleado que trabaja allí cada día, que encuentra a sus colegas y que pasa en el una parte importante de su vida. La domesticación del espacio para convertirlo en Lugar, está por lo tanto, en función de los que viven en él, lo codifican, o según la tipificación de espacios de Delleuze: lo esculpen y convierten esta superficie lisa para muchos en un nuevo espacio estriado para ellos mismos.

El lugar y el no lugar son más bien polaridades falsas: el primero no queda nunca completamente borrado y el segundo no se cumple nunca totalmente [4]. Está claro que por no lugar se designan a dos realidades complementarias pero diferentes: los espacios que sirven a ciertos fines como el transporte, comercio y ocio, y la relación que los individuos entablan con estos espacios. Los no lugares mediatizan todo un conjunto de relaciones consigo mismo y con los otros que no apuntan sino indirectamente a sus fines, los no lugares crean la contra actualidad solitaria.

Sin embargo, la condición sobremoderna no es única ni vivida de la misma manera en todo el planeta, si bien la rapidez, cada día más acelerada, de los medios de transporte, la inmediatez de las comunicaciones por teléfono, fax, correo electrónico, la velocidad de la información y también en el ámbito cultural, la omnipresencia de las mismas imágenes o en el ámbito ecológico, la llamada de atención sobre el alza de la temperatura de la tierra o la capa de ozono, nos pueden dar la impresión de que el planeta se ha vuelto nuestro punto de referencia en común, la realidad es que el mundo es recorrido hoy en día por dos flujos de población que esencialmente van en sentidos contrarios: los inmigrantes a quienes sus dificultades económicas les precipitan hacia un mundo occidental (el nuevo viejo mundo), que tienden a mitificar; y los turistas, que con el ojo pegado a sus cámaras recorren los países (paisajes) que a menudo son aquellos de donde parten dichos inmigrantes en busca de distracción y relajamiento.

Este flujo humano constante nos hace pensar que la vida consiste en pasar fronteras, y ambos viajeros tanto el que busca alcanzar el sueño de una vida mejor emigrando a otro país, como aquel que busca nuevas fronteras para alejarse por un momento del estrés que le provoca el acelerado pulso de su cotidianeidad llevan consigo mismos la noción germinal pero diferenciada de un no lugar, y resulta incluso irónico que ambos flujos diferenciados en un momento o "escala" dados puedan compartir un mismo no lugar: un aeropuerto en cualquier lugar del mundo.

Esta movilidad según Augé descansa en el postulado de que uno no está identificado ni por el nacimiento, ni por la familia, ni por el estatuto profesional, ni por las relac ones amistosas o amorosas, ni por la propiedad o pertenencia. Parece que toda identidad fuera reducida, sino barrida, por la velocidad de todos estos movimientos.

A diferencia del no lugar occidental, y como latinoamericanos, si la convención de lo que se supone que somos y significamos a los ojos de nuestros semejantes inmediatos en relación directa a un territorio dado, codificado y legible, queda abandonada al desplazarnos fuera de él habremos perdido "El Lugar en nosotros mismos", al reemplazar aquello que llamábamos hogar, nuestro lugar, nuestro terruño, por la ilusión de un futuro mejor; entonces cruzando las fronteras de este mundo cada vez más pequeño como inmigrantes sin identidad, nos habremos convertido en un no lugar ambulante, puesto que no sabremos identificarnos ni con el medio, ni con el espacio al que nos conduce el final del camino, y aquel lugar del que partimos, y en el que nos reflejábamos e identificábamos lo habremos perdido, cuando al volver a él después de algunos años no sepamos reconocer las marcas que habíamos dejado barridas por el pulso del progreso, y menos aun cuando al mostrar a nuestros hijos el lugar donde nacimos ellos se pregunten dónde queda el McDonald´s más cercano, o donde pueden conectarse a Internet.

Del otro lado de la moneda, el itinerario turístico que guía a los viajeros desde confines alejados del mundo no es más que un texto-paisaje, una imagen idealizada, una postal imaginaria de lo que se supone que será el lugar de destino, todo ello abarcado dentro de un solo nombre o título como en una postal (Paris, La

Paz, Cuzco, Guadalajara, Río de Janeiro etc.), de esta manera el destino (léase Paisaje), capturar sus distancias, y sus detalles arquitectónicos o naturales, en resumen sus peculiaridades son la ocasión para un texto [5].

La exposición a estas imágenes pintorescas, mucho más coloridas que lo habitual, y la búsqueda de un pulso menos acelerado son la catarsis del sobresaturado emigrante occidental, que si bien halla todas las comodidades disponibles a su presupuesto, no puede entablar una relación duradera con estos pintorescos paisajes del no lugar en el viejo nuevo mundo.

Mientras que la identidad de unos y otros constituía el "lugar antropológico", a través de las complicidades del lenguaje, las referencias del paisaje, las reglas no formuladas del saber vivir, el no lugar es el que crea la identidad compartida de los pasajeros (turistas e inmigrantes), de la clientela o de los conductores de domingo. El pasajero de los no lugares sólo encuentra su identidad en el control aduanero, en el peaje o en la caja registradora.

Los no lugares como hemos podido apreciar se recorren, se miden en unidades de tiempo. Los itinerarios no se realizan sin horarios, sin tableros de llegada o de partida que siempre dan lugar a la mención de posibles retrasos. Se viven en el presente. En suma, es como si el espacio estuviese atrapado por el tiempo, el pasajero de los no lugares vive la experiencia simultánea del presente perpetuo y del encuentro de sí. Lugares y no lugares se oponen como las palabras y los conceptos que permiten definirlos. El no lugar es contrario de la utopía: existe y no postula ninguna sociedad orgánica [6].

A medida que nuestra cotidianeidad, se contagia cada vez de mayor velocidad, nos preguntaremos con mayor frecuencia a donde vamos, porque cada vez sabremos menos donde estamos. En sus modalidades más limitadas, al igual que en sus expresiones más exuberantes la experiencia de no lugar es hoy un componente esencial de toda existencia social, tanto así, que la necesidad del individuo de replegarse sobre sí mismo ha sido plasmada inclusive en el campo de la arquitectura.

Pondré como ejemplo para hacer la relación del no lugar con la arquitectura la bien conocida casa Farnsworth obra del arquitecto Mies Van der Rohe. Desde su encargo por la doctora Judith

Farsnworth en 1946 la casa buscó ser un refugio de fin de semana, el sitio de emplazamiento ubicado en Plano Illinois propiedad de la familia, está rodeado de una gran cantidad de árboles y un río (Fox River) que tiende a inundar los terrenos que el mismo riega durante varias semanas al año.

La naturaleza se manifiesta de manera sobrecogedora durante el transcurso de las estaciones, y las doradas hojas que cubren el panorama en otoño, se transforman en blancas praderas en invierno, para volver a su alegre verde posteriormente. El contexto construido se resume en graneros y talleres de granjas vecinas, que a diferencia del posterior emplazamiento de la casa, se encuentran prudentemente alejados del río, tomando cuenta de su crecida.

Si bien Mies enseñó una inmensa cantidad de lecciones al movimiento moderno a través de esta casa, y la rigurosidad y meticulosidad con la que fue llevada a cabo, tanto a los ojos de los arquitectos contemporáneos a la época en que fue concluida, como a los actuales parece una casa fantasma, el dominio de lo vacuo, en el que se hace difícil encontrar en su aislamiento y soledad pasiva la lectura de identidad, reconocimiento e historia, la casa con sus ya casi seis décadas parece que hubiera congelado el tiempo a su alrededor, (en parte producto de su diseño innovador) se ha mantenido como testigo inmutable en la eternidad de su presente.

La casa Farnsworth, con su base a la altura del tronco de un hombre, parece flotar como una nave espacial, y uno se apresura a elevarse hasta ella buscando refugio, la casa, sin embargo, no ofrece santuario. La amenaza de la naturaleza que nos impulsó hacia ella se ve reforzada una vez que alcanzamos la terraza; no hay refugio en ella para nosotros, ni para otros seres vivientes, el uso de enormes láminas de vidrio sellado para todas las superficies verticales, significa que no podremos entrar a donde vemos seguridad.

Tampoco nos inspira seguridad la visión de humanos en su interior; parece como si no pertenecieran allí, parece como si nadie perteneciera allí. La intromisión de alguien haciendo la siesta o de una persona que leyera una revista masticando papas fritas, todos estos normales signos de domesticidad se hacen obscenos" [7].

La casa nunca descendió por completo, nunca echó raíces en el espacio, nunca creó lugar, sin embargo, eso es algo que nunca le quitó el sueño a Mies, puesto que desde la génesis misma del proyecto, el encargo del cliente sugería precisamente eso, un espacio en el que sea posible relajarse y escapar de la cotidianidad, "un no lugar hecho a medida".

Los lugares y no lugares son hermanos siameses que comparten un mismo cuerpo, en cuyas venas circulan el tiempo, el espacio y la velocidad al ritmo de nuestro pulso de vida cada vez más acelerado, ambos son quienes nos llaman y seducen para perdernos en ellos y en nosotros mismos, o quienes despiertan en nosotros el sentido de pertenencia e identidad. Ambos son codependientes puesto que uno no podría existir sin el otro, así como el recuerdo no podría existir sin el olvido o viceversa, sin embargo es la persona que los vive, transita, codifica y esculpe quien tiene la palabra final sobre ambos y quien es capaz de invertir sus valores y significados si así lo decide, puesto que puede domesticar el espacio y convertir el no lugar de muchos en el lugar propio de otros tantos, o convertir este último en un vago recuerdo, al desplazarse más allá de sus fronteras.

Notas

1. Basado en el concepto de Espacio-Tiempo de Einstein.
2. Augé, Marc, "Los no lugares. Espacios del anonimato, una antropología de la sobremodernidad", Madrid: Gedisa, 1996, p. 83.
3. Léase Espacio Virtual no únicamente en un sentido binario o digital, sino también como aquellos espacios programáticamente multidimensionales. (Ej. supermercados con farmacias, restaurantes, librerías, malls y cines incorporados, etc.), que han domesticado muchos no lugares con los rasgos de nuestras necesidades domesticas: abastecimiento básico, distracción, entretenimiento y ocio.
4. Augé, *op. cit.*, p. 83.
5. Práctica ironizada en la obra del creador japonés de arte conceptual On Kawara, que en sus dos series *I got up at*... y *I went*, relatan una bitácora de viaje, de las cuales, la primera consiste en el envió diario de dos tarjetas postales del tipo comercial, casi siempre al mismo destinatario en Nueva York, y la segunda que documenta los caminos recorridos en un día por el artista, registrados con bolígrafo de tinta roja sobre una copia en blanco y negro de un mapa de la ciudad o del país, sellado con la fecha. Serie que fue concluida en 1979 después de doce años de viaje.

6. Augé, *op. cit.*, p. 83.
7. Algunas reflexiones sobre casas transparentes.

Bibliografía

Augé, Marc, "Los no lugares. Espacios del anonimato, una antropología de la sobremodernidad", Madrid: Gedisa, 1996.

Arquitectura de la Integración
Centro Cultural Gabriel García Márquez

JORGE ANÍBAL MANRIQUE PRIETO

Introducción

El presente trabajo surge como un complemento para mi trabajo de tesis; trabajo que tiene como título "el habitante imaginado-real como binomio esencial en el procesos creativo de la arquitectura", cuyo objetivo principal es poner a consideración lo importante que debe ser para el arquitecto tener un conocimiento cercano de la complejidad de los futuros habitantes de la arquitectura. Conocimiento que se puede convertir en la herramienta principal para que este -el arquitecto- busque desde el proceso creativo de la obra arquitectónica la mejor solución, a la mayoría de los requerimientos de habitabilidad del ser humano, que van desde la experiencia física, pasando por los procesos psicológicos hasta llegar a los espirituales.

En ese orden de ideas, durante este trabajo de tesis me he interesado en la manera en cómo el arquitecto debería tratar de entender la complejidad del ser humano, no enfocándose directamente en él, sino entendiendo la manera en que éste se relaciona con todos los fenómenos -materiales y no materiales- que lo rodean; y cómo la obra de arquitectura puede ser un instrumento que permita que esas relaciones tengan lugar.

Por los anteriores motivos se ha considerado pertinente para el trabajo final de este seminario: Discursos de la arquitectura, abordar los planteamientos teóricos y su posible constatación en la obra arquitectónica, del arquitecto colombiano Rogelio Salmona. Personaje destacado por proponer una obra de arquitectura incluyente, no sólo de la relación entre los seres humanos, sino de la relación del ser humano con el contexto (social, histórico, geográfico, cultural, económico, político, etc.) que lo rodea.

Para este análisis se han revisado cinco de los ensayos escritos por este arquitecto: "Comentarios sobre el concurso del Colegio Emilio Cifuentes" de 1959 -publicado en la revista semana en 1960-; "La ciudad destruida" de 1980 -preparado para un simposio de arte no objetual que tuvo lugar en Medellín, Colombia-; "Entre la mariposa y el elefante" del año 2003 -como discurso en agradecimiento por recibir el premio Alvar Aalto en Jyväskylä, Finlandia- ; "Invitados de la ciudad" del año 2004 -para el encuentro internacional del seminario "La ciudad Histórica actual" en Oaxaca, México- ; y "Del principio de la incertidumbre a la incertidumbre del principio" del año 2005 -Conferencia dictada en la UNAM, Ciudad de México, año 2004, y en la Universidad central de Venezuela, Caracas, en 2005. Ensayos recopilados en la publicación "Rogelio Salmona: Espacios abiertos/espacios Colectivos" de la sociedad colombiana de arquitectos.

Las reflexiones teóricas de Rogelio Salmona serán verificadas en la última obra arquitectónica -de su autoría- que él pudo ver materializada: el edificio del "Centro cultural Gabriel García Márquez" auspiciado por el Fondo de Cultura Económica de México, en la ciudad de Bogotá. Obra diseñada para convertirse en el centro de operaciones de la editorial Mexicana en Colombia. Cabe aclarar que a través de este ejercicio también se estarán trayendo a colación otras de las obras diseñadas por este arquitecto, con la intensión de mostrar cómo ciertas intensiones conceptuales -representadas en hechos arquitectónicos- lo acompañaron durante todo su ejercicio como diseñador de espacios arquitectónicos incluyentes.

Este trabajo se ha estructurado en base a cinco temáticas esenciales, que se considera después de haber leído las aportaciones teóricas de este arquitecto, son la propuesta de una arquitectura de la integración. Las temáticas son: a) La forma como resultado de la intensión espacial: la integración. b) La estimulación de los sentidos. c) La memoria. d) La conciencia del presente. Y e) El empuje hacia el futuro. Antes de que estas temáticas sean abordadas se hará una corta introducción a la vida y obra de este arquitecto; y a la localización del Centro Cultural Gabriel García Márquez en el corazón -centro histórico- de la ciudad de Bogotá, Colombia.

Parte 1

Rogelio Salmona: arquitecto

Rogelio Salmona, arquitecto colombiano nacido en 1927 en París, Francia. Llegó a Bogotá, Colombia en 1931. Inicio sus estudios de arquitectura en la Universidad Nacional de Colombia, pero antes de terminarlos, en 1948 viajó a Francia para trabajar con el reconocido arquitecto Le Corbusier. Una década más adelante, y después de haber viajado por Europa y el norte de áfrica, regresa a Bogotá para iniciar su ejercicio como arquitecto, labor que ejercería hasta el final de su vida en octubre del 2007. Algunos de sus proyectos de vivienda más destacados son: El conjunto residencial el polo de 1959, conjunto "residencias el parque" del año 1965, Casa de huéspedes ilustres de Cartagena en 1980, Casa en "Rio frio" de 1997 y la casa en "altos de Chicó" en el 2001. Y dentro de sus edificios institucionales más destacados se encuentran: el museo "Quimbaya" en 1984, el Archivo General de la Nación de 1988, el edificio de posgrados de ciencias humanas de la Universidad nacional de Colombia en 1995; la biblioteca pública Virgilio Barco, culminada en el año 2001, y finalmente el Centro Cultural Gabriel García Márquez terminado a finales del año 2007 -obra que será analizada en este trabajo-.

En cuanto a sus reconocimientos en la página de su fundación se comenta lo siguiente: *Él y su arquitectura lograron reconocimientos a nivel nacional e internacional, entre los cuales cabe mencionar: Condecoración a las Artes y Letras, en el Grado de Oficial, Gobierno Francés (2007), Condecoración de la Orden de Boyacá en el grado de Gran Cruz, Presidencia de la República de Colombia (2006), Miembro Honorario Instituto Americano de Arquitectos, AIA, Washington (2006), Condecoración Gran Orden Ministerio de Cultura, Ministerio de Cultura de Colombia (2006), Medalla Manuel Tolsá, Universidad Autónoma de México (2004), Medalla Alvar Aalto, Finlandia (2003), Doctor Honoris Causa de la Universidad Nacional de Colombia (2000), Premio Príncipe Claus Holanda (1998), así como premios y menciones en varias Bienales de Arquitectura de Colombia* [1].

Rogelio Salmona siempre pensó que el deber fundamental de la arquitectura era precisamente el de integrar las mayor cantidad de cosas -esencias- posibles que permitieran que el ser humano pudiera habitar, cultivando su ser, en esta tierra. Sin importar si fuera una pequeña vivienda o un gran edificio institucional, este arquitecto siempre abogó porque los espacios habitables fueran un acto político, un acto de integración: entre el ser humano con otros seres humanos, entre el ser humano con la naturaleza, con la ciudad e inclusive consigo mismo.

Comenta el arquitecto: "(…) hacer arquitectura al servicio del hombre es la manera de seguir siendo esa última figura del humanismo para nuestra sociedad (…)" y dice más adelante: "Hacerla en Colombia, yo creo, en américa latina, es un acto político: la defensa de lo público, las intervenciones arquitectónicas respetuosas de la ciudad, la defensa del paisaje, la estética concebida como una ética, y la lucha contra la segregación espacial, son y han sido las motivaciones para ejercer este arte" [2].

El centro Cultural Gabriel García Márquez y su contexto

Este edificio se encuentra localizado en el centro histórico de la ciudad de Bogotá, capital de la República de Colombia; a un par de cuadras de la plaza de Bolívar (zócalo) donde se encuentran: la catedral primada, el capitolio nacional, la alcaldía de Bogotá y el Palacio de justicia. La morfología de las manzanas es compacta, con una tipología edificatoria donde prima la arquitectura colonial -lenguaje de fachadas cerradas, con pocas ventanas, puertas bien elaboradas, balcones y aleros de las cubiertas inclinadas;- edificaciones que en promedio poseen dos piso de altura.

Las calles son estrechas (calle once y carrera sexta), su perfil urbano -heredado desde el tiempo de la colonia y como vestigio de la traza fundacional- se caracteriza por poseer banquetas de lado a lado con una dimensión de metro y medio, y avenidas que oscilan de los cuatro y medio a seis metros. La inserción de esta obra en su contexto en principio fue bastante criticada, porque el arquitecto, en apariencia, había decidido romper con el lenguaje arquitectónico de este sector de la ciudad. Sin embargo, como se explicará más adelante, con el paso de los años este edificio se ha convertido en un lugar de integración para los habitantes permanentes y temporales del sector.

El arquitecto respetó las alturas reglamentarias, decidió materializar la obra con las materias primas de la región, sacó provecho de los requerimientos espaciales exigidos por la normativa -patios y aislamientos- y con gestos sutiles, pero contundentes, le ha entregado al centro histórico de la ciudad de Bogotá, una obra que motiva a las personas a interesarse en la lectura y, en general, en todas las ofertas culturales que tienen lugar en este centro cultural; que entre los espacios que ofrece para dichas actividades culturales tiene: un auditorio, una sala de exposiciones temporales, una librería, oficinas administrativas, restaurantes, ludoteca, y un patio -plaza - público que sirve también de escenario para eventos al aire libre. En términos generales puede decirse que el Centro Cultural Gabriel García Márquez responde de una manera acertada a las condiciones urbanas del sitio: a) posee su acceso principal sobre la calle 11, calle que hoy en día está en proceso de ser peatonalizada. b) genera un evento urbano, despejando la esquina de encuentro entre la calle 11 y la carrera 6. c) proporciona un ensanchamiento de la banqueta en la calle 6, para permitir que algunas actividades del restaurante se puedan desarrollar al aire libre. d) Es un edificio que no restringe el acceso a las personas -no hay rejas ni puertas que impidan el acceso a los patios principales-.

En fin, la lista de aciertos en relación a su contexto podría seguir por varias líneas más. Sin embargo, antes de iniciar el análisis hay que destacar una de las características más importantes de este edificio como obra arquitectónica. Su lenguaje formal, es un lenguaje que contrasta con el contexto inmediato. Es una obra que respeta su contexto, pero que con un lenguaje contemporáneo; logra tejerlo de una manera renovada. Este edificio ha echado mano de la virtualidad de los límites, para convertirse en un ejemplo de inserción en el centro histórico de esta ciudad, que interpreta los valores históricos de la arquitectura colonial y los materializa con formas que los proyectan a su vez hacia el futuro.

Parte 2

La forma como resultado de la intensión espacial: la integración

Para Rogelio Salmona toda obra de arquitectura debe propiciar espacios colectivos; lugares de la vida cotidiana y de la historia, donde haya una igualdad de condiciones y oportunidades para los individuos; en esto radica pare él, la función política de la arquitectura. Dice Salmona "Es necesario analizar la invención formal en relación con la intensión espacial (...)" [3]. En el caso del edificio que se analiza en este trabajo, la intensión espacial y -luego de ella- la solución formal, están fundamentadas en la función política de la arquitectura, es decir, en la integración del ser humano con su contexto. Para lograr ese objetivo, el arquitecto -al parecer- hace uso de las siguientes estrategias proyectuales:

a) Desmaterialización:

La primera de las características arquitectónicas que presenta el Centro Cultural Gabriel García Márquez es la desmaterialización; la búsqueda de la levedad y la transparencia. Salmona en su trayectoria como arquitecto, y grandemente influenciado por el contexto de la sabana de Bogotá, trabajó en construir un lenguaje propios de su obra, lenguaje basado en los materiales artesanales de la región, donde fue pasando de un predominio de los muros -llenos- a una depuración total, donde casi que la misma estructura define los limites virtuales del edificio; limites que en la parte ultima de su obra fueron en gran manera dominados por el cristal.

En obras como el colegio de la universidad libre de los años 50, existió un gran predominio del lleno sobre el vacío. Hacia los años 80 ya se distingue esa lucha entre los muros y los vanos, como se puede observar en el cerramiento del archivo general de la nación. Y finalmente en la casa Altazor del año 2004, se hace evidentemente el predominio de las transparencias sobre los llenos.

Esa casa es contemporánea del centro cultural, y se puede observar como el arquitecto manteniendo el mismo lenguaje de transparencias logra -en el centro cultural- que una serie de columnas paramenten la calle -como un límite virtual- pero a la vez descubran la contundente permeabilidad incluyente que permite al transeúnte aventurarse al interior del edificio. Lógicamente, hay espacialidades que deben cubrirse de cristal, para evitar que sus actividades interiores se vean afectadas por el fuerte clima de la ciudad de Bogotá; tal es el caso de la librería, las oficinas y los restaurantes. En relación a la trasparecía Salmona comenta: "la transparencia es uno de los hechos fundamentales que se debe lograr en la arquitectura" [4].

b) Integración con los otros seres humanos:

Esta integración se logra en esta obra -además de las terrazas transitables- a través de la generación de un par de patios circulares; patios que han estado presentes durante toda la obra de Salmona: Por ejemplo, el del acceso del Archivo General de la Nación, o como los que generaron la singular geometría de las torres del parque. Sin embargo, en esta obra el patio está mucho más ligado al exterior que en sus obras anteriores.

En el centro cultural, el patio principal es contenido tan solo por el limite virtual de las columnas que lo definen y se fuga en gran parte de su diámetro hacia el exterior del edificio, más concretamente hacia la calle once. Este espacio más que patio, es una plaza que invita a los habitantes de la ciudad a convivir, a compartir; a integrarse.

c) Integración con la ciudad:

Además de la vinculación directa del espacio de la ciudad a través del patio principal, y la plazoleta de acceso al restaurante, Rogelio Salmona sugiere al habitante "apreciar y reconocer la ciudad" a través de vanos que la enmarcan -como los empleados en la casa de huéspedes ilustres de Cartagena para enmarcar la naturaleza- la catedral y otros edificios históricos del centro de la ciudad. O también generando terrazas -balcones- que permiten esa relación visual con esos elementos representativos de esta urbe. Al respecto, el arquitecto dice: "No toda la ciudad puede ser hecha con obras sobresalientes, obras de arte, pero si debe tener unos contundentes ejemplos con un alto significado cultural" [5[. Y complementa más adelante: "(…) recuperando referencias urbanas, algunas de ellas escondidas como tesoros, pero creando otras que nos permitan volver a gozar 'el transcurrir del tiempo' y lograr que la contemplación sea una función de la vida, porque recuperar la ciudad es recuperarnos a nosotros mismos (…)" [6].

d) Integración con la Naturaleza:

Dice Salmona: "La relación con el entorno debe ser cósmica, debe preguntarse cómo y por qué, debe indagar el sortilegio del lugar" [7]. En ese sentido, la transparencia misma del centro cultural permite la relación directa con los cerros orientales de Bogotá, patrimonio ecológico e histórico de la ciudad. Así como lo hizo en la biblioteca Virgilio Barco, los cerros, el cielo, el viento y el agua se integran al habitante gracias a los patios y las terrazas que están dispuestos para que este los experimente con libertad.

Hay otro tipo de vegetación que germina dentro del mismo edificio; vegetación que Salmona sugirió, se dejara crecer de manera natural para que invada las espacialidades del edificio, y en un instante el habitante sienta que es transportado en su imaginación a las ruinas del mundo mesoamericano. Al aferrase de tal manera a su contexto, esta obra vincula al ser humano con el universo. Una obra aferrada a su contexto es, en palabras de Salmona "una arquitectura topológica" -que surge del territorio donde está construida-.

"Un determinado lugar exige una determinada arquitectura, no otra. Del conocimiento de ese lugar resultan las propuestas arquitectónicas. No se hace arquitectura exclusivamente para el lugar, sino también desde el lugar" [8].

e) Un encuentro con sí mismo:

Las sillas en concreto dispersas por el espacio, los muros bajos ensanchados, los vanos profundos, las escaleras y el sinnúmero de rincones en las terrazas, son elementos del espacio que permiten que el ser humano, que así lo quiera, entre en intimidad con su ser, se encuentre consigo mismo. Esos elementos han sido diseñados con gran atención en sus obras arquitectónicas; los rincones en la terraza de la biblioteca Virgilio barco, los vanos profundos del edificio de posgrados de ciencias humanas de la UNAL, y hora los antepechos donde las personas, al mejor estilo de una palco, se sientan a ver los eventos culturales en el patio central del centro cultural.

Evocando los aportes de la filosofía y la poética a su obra, Salmona comenta sobre esa cualidad de intimidad de los espacios arquitectónicos, diciendo: "Son <<rincones >>, como diría Gastón Bachelard, que conservan los recuerdos y las emociones del mundo de cada ser humano" [9].

La estimulación de los sentidos

Para Salmona la arquitectura se vive y se habita cuando estimula todos los sentidos, no sólo privilegia la vista. Dice el Maestro: "Es así como la organización de los espacios, fracturando la composición perspectiva, los repentinos cambios de orientación, los giros espaciales, buscan volver al acontecimiento, anuncian el lugar, originan tensiones entre el interior y el exterior, crean signos y obligan a activar los sentidos"[10]. Y también comenta: "Se hace arquitectura con los materiales del lugar, con volúmenes, luminosidad, espacios encadenados, con viento, brisa agua, con transparencias, misterios, resplandores, opacidades, contigüidades, con el tiempo y la sorpresa. Los materiales son infinitos" [11].

El oído

En la obra de este arquitecto el oído se estimula a través del agua. La presencia de estanques que reciben al habitante en los accesos de los edificios, como acontece a una mayor escala en la Virgilio Barco; o ya sea por medio de canales que permiten que el vital líquido recorra los espacios exteriores -como en el edificio de posgrados-, en un acompañamiento al recorrido del habitante.

En el centro cultural el estanque de recibimiento, esta coronado por unas gárgolas que dejan brotar libremente el agua, y existen otros aljibes en la base de algunas de las columnas del patio central, para que en ese momento el sonido se resalte un poco más, y el habitante perciba sutilmente la vida que fluye dentro de la obra de arquitectura.

El olfato

Como lo hizo en otras de sus obras, en el centro cultural, Salmona ha incorporado una vegetación que emana olores variados. En el acceso las plantas descolgadas de las macetas de la terraza, rememoran el acceso a la Virgilio barco, donde el habitante es sumergido a un patio hundido por medio de una rampa, que de lado a lado está acompañada por la misma vegetación que llena de un olor grato el ambiente. En las terrazas al igual que en el edificio de posgrados, también se realiza la misma operación.

El tacto

Donde la escala del espacio se reduce, es cuando el habitante tiene la posibilidad de estar más cerca de la variedad de texturas que el edificio tiene para ofrecerle. Desde las estrías del concreto moldeadas intencionalmente para reforzar las intenciones de cada espacio, pasando por el magistral majeo del ladrillo a la vista, con sus diferentes texturas y colores -como también los ha manejado en sus obras anteriores- hasta la posibilidad de tocar el agua del estanque circular que esta contenido por la librería, que no está solamente delimitado por cortinas de vidrio, sino que ha sido invadido poco a poco por la vegetación que desciende de las terrazas. Para Salmona, se llega a la armonía del espacio cuando cada material se muestra en su esencia.

Luz

En un edificio de tanta transparencia, la incertidumbre y la expectativa están determinados por el manejo de las sombras y las penumbras, que emanan de los elementos horizontales que contienen el espacio. Salmona también genera entradas de luz cenital que dan la bienvenida los fuertes rayos del sol naranja de las tardes bogotanas; magistral manejo de la luz, presente en obras como el Archivo General de la Nación, la biblioteca Virgilio Barco y el edificio de posgrados de la UNAL.

Memoria

Dice Rogelio Salmona: "Gabriel García Márquez dijo (...) que para hacer literatura se requiere mirar hacia atrás (...). Estoy de acuerdo, porque sucede lo mismo con la arquitectura. Conviene mirar atrás antes de dar el paso hacia adelante. (...) claro que conviene mirar hacia atrás, pero hay que saber retirar la mirada en el momento oportuno: se trata de recrear y transformar. No de copiar" [12]. Estas palabras son retomadas con gran congruencia en centro cultural. La historia está presente, sin ser evidente, en cada una de las intenciones espaciales de esta obra.

Mito y rito:

Para entrar a la mayoría de las obras de Salmona, hay que ascender. Algunas implican un previo enterramiento, pero en el instante mismo de penetrar en el espacio cubierto del o los edificios el habitante termina ascendiendo. El acceso del Centro Cultural Gabriel García Márquez no es la acepción. Es un espacio de transición, de renovación donde el agua con su movimiento y sonido purifica el alma del ser humano que llega a su encuentro. Agua que viene desde lo alto; de los cerros orientales que también están a la vista. Aquellos cerros que los antiguos muiscas creían sagrados, porque de ellos emanaba el agua que los seres celestiales daban a la tierra para ser fecundada. Al igual que en la Virgilio, el recorrido en contra de la dirección del agua está surcado por unas escalinatas laterales que separan al mundo terrenal, de la sabiduría guardada en los libros; del mundo de los pensamientos. Dice Salmona que la arquitectura debe establecerse en función de series existenciales y afectivas, de ritos y mitos, presentes en el inconsciente colectivo de los habitantes de un determinado paraje.

Dice el maestro: "(...) Un patio resonante, un aljibe del cielo como denominó María Zambrano al patio, un tímpano del lugar, un imbrincamiento, un orden y un ritmo, una transparencia, un volumen o la creación de recorridos "al son del agua, cuando el viento sopla", según el poema de Antonio machado" [13].

Los patios siempre han estado presentes en la obra de este arquitecto; parece ser que al igual que Louis Kahn, Salmona entendió claramente que los patios, por excelencia, son espacialidades que vinculan a los seres humanos entre sí, y a ellos mismos con el cielo; con la naturaleza. Son espacios colectivos. En el caso del centro cultural los patios son redondos; uno -el más grande- es una especie de plaza pública que invita a la concentración, a la reunión. El otro -el más pequeño- posee un estanque de agua que impide que el habitante llegue a su centro; es un patio para circular, para rodear y para ver en el reflejo del agua el azul intenso del cielo bogotano; en las palabras retomadas por Salmona, "un aljibe de cielo".

La tradición constructiva

Salmona con el empleo de las tecnologías tradicionales, en especial la del ladrillo, permite no solo el encuentro del pasado con el tiempo actual, sino que invita a que la diferencia entre las clases sociales desaparezca. El ladrillo en la obra se este arquitecto es dignificado, e integra sin importar razas o estatus económicos a los seres humanos que habitan bajo su albergue. La manera más común de hacer común su obra arquitectónica es a través de los materiales locales, materiales que todos en la sabana de Bogotá reconocen como el fruto de las entrañas de esta fecunda tierra. Comenta Salmona: "La simbiosis entre la arquitectura elaborada, o culta, con la popular o espontanea, permite encontrar soluciones generales y establecer un lenguaje común" [14].

Otra de las tecnologías usada por este arquitecto en esta obra es el concreto aparente. Este material tiene la particularidad de poseer un color beige. Este color fue el resultado de varias exploraciones con los componentes del concreto, y al parecer su intensión radica en que este material sea agradable a la vista; genere esa percepción de calidez que el mismo ladrillo proporciona a los habitantes de la sabana de Bogotá, una región donde más del 60% de los días del año, llueve.

La evocación de ejemplos de la historia

Salmona reconociendo la influencia de otros arquitectos y arquitecturas en su obra, comenta lo siguiente: "La certeza de la armonía que quiero introducir en un proyecto viene de la memoria, de la experiencia que he tenido con arquitecturas y espacios de otros y de este tiempo, que me han emocionado profundamente, y que he medido, dibujado y guardado en la memoria. Ése es mi sistema de medidas" [15].

De las arquitecturas más recientes se destaca la influencia de Le Corbusier -con su Promenade architecturale- , de Alvar Alto -en su propuesta de una arquitectura orgánica que surja del contexto- , de Louis Kahn -con el manejo místico de las formas y materiales- y de Fernando Martínez Sanabria -arquitecto colombiano que abogó por una arquitectura del lugar que dignificara la calidad de vida de los colombianos-.

En cuanto a las arquitecturas de la historia, se destaca la influencia de la arquitectura mesoamericana -arquitectura de la cual Salmona admira la mística y el manejo de los espacios colectivos que conectan al ser humano con el cosmos-, la arquitectura gótica, -de la cual el arquitecto retoma esa enseñanza de poder recorrer el edificio sin la necesidad de interrumpir sus actividades- , de la arquitectura colonial -con sus balcones y accesos elaborados-, de la Alhambra -obra que lo influencia en el manejo del agua, como una compañía en el recorrido de los espacios; y en el manejo de las propiedades de la luz-, la columnata de Bernini en la plaza de San Pedro del Vaticano -plaza contenida por columnas que delimitan virtualmente el espacio interior y permiten la permeabilidad visual desde el exterior-; y finalmente la Plaza del Campidoglio de Miguel Ángel -de la cual retoma el manejo de las texturas del piso para enriquecer la estimulación de la vista , tratamiento que va a ser característico en su diseño de espacios públicos-.

La conciencia del presente

Dice el arquitecto: "El ser humano sólo tiene su vida. El tiempo de su vida. No la goza cuando desperdicia el tiempo, y lo desperdicia cuando para habitar se le ofrecen espacios injuriosos" [16]. Proponer espacios que permitan que el ser humano sea consciente de que el tiempo transcurre es ético. Es ético procurar que el habitante extraiga lo eterno de lo transitorio; que sea consiente de quién es, de su ser, de su esencia. Por eso este edificio se ha convertido en una frontera, en un vórtice de relación e integración entre el ser humano con el cosmos, para que de esa manera el habitante se dé cuenta de quién es y del lugar al que pertenece, que más allá de ser la sabana de Bogotá, es el planeta entero.

El centro cultural se ha convertido en un marco para observar la realidad de la ciudad. El muro -predominante en la arquitectura de este sector- que oculta, que introyecta, que dosifica la dosis de la ciudad dentro los espacios de las grandes casas coloniales, ha dado paso a las transparencias. Transparencias que evidencian todo, que permiten que el ser humano esté consiente de gran parte de la realidad que lo rodea.

Realidad que también es histórica, mítica, cultural, económica, social y personal, como se ha venido comentando. Al igual que un poema este edificio dice una y mil cosas a la vez, ese es el mayor barroquismo que posee: permitir que tantas cosas de la realidad se hagan evidentes para el ser humano.

Un empuje hacia el futuro

Comenta nuevamente el arquitecto: "la arquitectura ayuda en la construcción de la ciudad. Crea espacios que son apropiados por la comunidad. Si la comunidad no se apropia de sus propuestas espaciales, estos espacios no sirven, no tienen contenido, se empobrecen y se pierden. Ahí está la responsabilidad, no solamente de los arquitectos, sino de los ciudadanos todos. (...) La responsabilidad de la arquitectura es mayor. Si no hay arquitectura no hay ciudad [17].

Hace poco más de una década, Colombia estaba más inmersa que nunca en un conflicto armado entre el estado y los grupos al margen de la ley, constituidos por guerrillas y carteles del narcotráfico. Por su parte los especuladores del suelo buscaban la manera de aprovecharse de la situación para irrumpir en los centros históricos de las ciudades, y poder sacar provecho económico haciendo arquitecturas insonoras, incoloras e inhabitables. En pocas palabras salir a las calles, en especial las de Bogotá, era un acto de valentía.

De repente, de la mano de algunos hechos políticos, surgió un proyecto arquitectónico -la renovación del museo del Banco de la República- que se materializó a un par de cuadras de la localización de lo que hoy es el Centro Cultural Gabriel García Márquez. Era una obra de otro importante arquitecto: Enrique Triana. Salmona en agradecimiento -y a pesar de que entre ellos no hubiese una buena relación- por su obra que se abría a la calle, que era incluyente; de manera sobria le remitió unas profundas palabras a través de una nota que decía: "que bella obra le has regalado a la ciudad".

Después de algunos años la oportunidad fue para el mismo Salmona, quien no escatimó en escribir un discurso político de integridad e integración a través de su obra. Hay que destacar el profundo amor que este maestro profesaba por su país; cada oportunidad de construir ciudad -a través de la arquitectura- se convertía para él en una posibilidad de aportar un grano de arena a la esperanza de un futuro mejor para los colombianos.

En alguna ocasión mencionó: "Vivimos en medio de tragedias permanentes, pero también acompañados de la alegría de vivir. Ni siquiera en sus peores momentos ha perdido Colombia la posibilidad de cantar, bailar, escribir, soñar y construir. No ha perdido esa fortaleza. No ha perdido ese entusiasmo. (...) El canto a la vida es permanente porque se sabe que la vida es fugaz y la muerte imprevisible. Se vive sin memoria, pero es inevitable recordar. Se quiere tener identidad, pero no se trabaja para conseguirla. La identidad se construye todos los días" [18].

El Centro Cultural Gabriel García Márquez al igual que el museo del Banco de la República, se han encargado de seguir tejiendo con visión al futuro, los lazos de identidad entre los bogotanos. Este par de intervenciones, no sólo rompieron los muros que paramentan las edificaciones coloniales del centro histórico de la ciudad; sino que se han propuesto romper las cadenas de la desigualdad social, y entregar una dosis de esperanza, de confianza, de colectividad, de paz, de unidad, de humildad, de libertad no sólo a los habitantes de la ciudad sino a los más de 45 millones de seres humanos que habitan este país; y que a través de las obras arquitectónicas incluyentes, día a día se dispongan a conocer su tierra, su historia y sus costumbres. Como dice Salmona "la identidad se construye todos los días".

Valores como la seguridad, la confianza o la paz; en el Centro Cultural Gabriel García Márquez, han dejado de pertenecer a un lenguaje de muros, de fortalezas, y se han convertido en vacíos. Ahora lo seguro no se plantea como lo encerrado o lo hermético; lo seguro es sinónimo de transparencia, de evidencia; en definitiva de una arquitectura de puertas abiertas. Comenta Salmona: "Es necesario pensar en la perdurabilidad, en el futuro, en los niños de hoy y hombres de mañana. Estamos urgidos de nuevas propuestas estéticas, espirituales, funcionales. Como lo profetizaba Albert Camus: <<Nos pueden maldecir por poder haber hecho tanto y haber hecho tan poco>>. (...) Intentamos hacer una arquitectura embebida de esperanzas, y posibilidades" [19].

Conclusión

El Centro Cultural Gabriel García Márquez es una obra arquitectónica que promueve la integración entre el ser humano con: los otros seres humanos, a través de la oferta de espacios colectivos –terrazas y patios- que permiten su interacción. Con su entorno –urbano y natural- a través de las relaciones visuales, y de los otros sentidos, con arquitecturas del pasado y con los cerros orientales de la sabana de Bogotá; y también con el aire, el agua, la vegetación, la luz, la transparencia y las penumbras presentes en el paisaje interior que ha sido creado por la obra.

Este edificio promueve la integración del ser humano con su historia, con sus costumbres, con las tradiciones constructivas, y con los ritos y mitos, que forjan el origen de su existencia como miembro activo de un determinado grupo social que comparte una memoria colectiva.

Esta obra también promueve la integración del ser humano con su ser, con su esencia, en la medida en que estimula sus sentidos- vista, olfato, oído y tacto- y le invita a habitar en aquellos rincones donde la envolvente del edificio se reduce a su escala, se aproxima al contacto con su piel. Espacios que permiten que las personas se detengan por un momento a pensar, a meditar, a leer, a soñar. Espacios donde inmerso en una colectividad el ser humano puede sentir que tiene un espacio para él, que tiene un lugar en el universo.

Puede que todas estas reflexiones se interpreten como alabanzas a la obra de este arquitecto; pero más que ello, han surgido como un diálogo entre quien quiere saber de la obra y la obra misma, que por su existencia, por su evidencia ha dado cuenta de su concepción, ha revelado las intenciones que alguna vez su autor plasmó en unas líneas o en otras obras, y que se han materializado para permitir que el habitar del ser humano en esta tierra sea mucho mejor. Como dice Heidegger, "así la obra de arte habla de esta manera con quien la interroga" [20].

Palabras finales de Rogelio Salmona sobre el Centro Cultural Gabriel García Márquez

"Que se me hubiera invitado a diseñar el edificio para la sede del Fondo de Cultura Económica de México en el corazón de Bogotá fue para mí, además de un privilegio, una enorme responsabilidad intelectual, profesional y urbana.

Difícil tarea a la cual dediqué todos mis esfuerzos para poder insertar, en la Candelaria, centro histórico de la ciudad, una arquitectura urbana respetuosa, que entienda los deseos de bienestar y goce y que exprese una modernidad consecuente con el lugar de la ciudad donde se encuentra, que cree espacios públicos sin barreras, variados, apropiados para cada sitio y apropiables por todos los habitantes. Que permitan una ocupación sabia, política y generosa. Quise hacer una obra abierta al encuentro, a la alegría, al goce, a la sorpresa, a la meditación, donde la arquitectura volviera a su condición de símbolo, a jugar un papel importante en nuestra ciudad, no sólo por su calidad constructiva, por su implantación respetuosa en el lugar, sino también, y porque no decirlo, por su belleza y significado. Una obra abierta, porque creo que así debe ser un edificio para la cultura y el conocimiento.

Una obra así pensada permite ciertas libertadas, o mejor, las exige. Exige, por ejemplo, componer con espacios abiertos, ojalá sorpresivos, ricos en recorridos que pongan en evidencia la belleza del entorno, su contexto urbano, sus siluetas y paisajes, su imponente geografía, con transparencias entre sus partes, con sesgos y luminosidades repentinas recogidas por los muros o el agua que la recorre indiferente, como seguramente lo harán algunos de sus usuarios, y eso está bien. Como en el pasado, la arquitectura debe volver a emocionar y a construir el espacio público, que sea la esencia de la ciudad y no, como hasta ahora, un espacio residual. Constituye un acto culto, humilde y de onda permanencia. La arquitectura está hecha para ser vista, vivida y usada, tanto a quien le pertenece, como por todas aquellas personas que son testigos de su presencia en la ciudad. La arquitectura es un bien común" [21].

Notas

1. Recuperado de: http://www.fundacionrogeliosalmona.org/rogelio-salmona/biografia
2. Sociedad Colombiana de Arquitectos, "Rogelio Salmona: espacios abiertos / espacios colectivos", Bogotá: SCA, 2006, p. 93.
3. SCA, *op. cit.,* p. 84.
4. SCA, *op. cit.,* p. 50.
5. SCA, *op. cit.,* p. 74.
6. SCA, *op. cit.,* p. 92.
7. SCA, *op. cit.,* p. 60.
8. Ídem.
9. SCA, *op. cit.,* p. 94.
10. SCA, *op. cit.,* p. 89.
11. SCA, *op. cit.,* p. 50.
12. SCA, *op. cit.,* p. 93.
13. SCA, *op. cit.,* p. 94.
14. SCA, *op. cit.,* p. 88.
15. SCA, *op. cit.,* p. 36.
16. SCA, *op. cit.,* p. 91.
17. SCA, *op. cit.,* p. 20.
18. SCA, *op. cit.,* p. 89.
19. SCA, *op. cit.,* p. 90.
20. Heidegger, Martín, "Arte y Poesía", México: FCE, 1978.
21. Texto tomado de la página oficial del Fondo de Cultura Económica de México en Colombia. http://www.fce.com.co/index.asp

Bibliografía

Heidegger, Martín, "Arte y Poesía", México: FCE, 1978.

Sociedad Colombiana de Arquitectos, "Rogelio Salmona: espacios abiertos / espacios colectivos", Bogotá: SCA, 2006.

Texto tomado de la página oficial del Fondo de Cultura Económica de México en Colombia. Recuperado de http://www.fce.com.co/index.asp

El paisaje como mirada
Miradas proyectuales con medios digitales

LUCAS PERÍES

Las teorías contemporáneas sobre el tema del paisaje, definen al mismo, como una interpretación personal del entorno de un determinado observador. Podemos entender al paisaje como las imágenes de la realidad generadas por un observador en un punto de vista particular. Construir un paisaje-imagen se entiende como el acto de comprender una realidad. Una mirada paisajística construye una imagen que es la traducción de lo observado, de tal modo que paisaje es sinónimo de mirada. Mirar a diferencia de ver, que es percibir por la vista, implica fijar la vista y la atención.

El acto de tomar una fotografía ejemplifica estos conceptos. El observador que mira tras el lente de una cámara, un entorno establecido, hace foco en determinados elementos de su interés y decide que compone esa imagen y que no, define los elementos del primer plano y los secundarios. La fotografía se transforma entonces, en un recorte personal de la realidad de quien ocupe el rol de fotógrafo.

El término paisaje, tal como lo define César Naselli [1], "Designa normalmente, al conjunto, total o parcial de elementos componentes y sus articulaciones, mirados, percibidos y contemplados con ópticas diversas del territorio físico exterior al observador, que lo enfrenta en el momento que toma conciencia del mismo". La posición del observador, la variación de escala entre el observador y lo observado, el movimiento o la inmovilidad, constituyen diferentes modos de observar, que conducen a la comprensión de una misma realidad desde distintos enfoques o miradas. Robert Venturi, refiriéndose a las escalas de observación de la ciudad, en su libro "Complejidad y contradicción en la arquitectura", cita la torre de la iglesia Christ Church en Spitalfields y expresa la posibilidad de verla desde muy cerca como un gran muro, y desde otra escala de aproximación como una aguja. Al modificar la posición del enfoque de una mirada las imágenes obtenidas resultan desemejantes, en el caso de la torre, al alejarse a la distancia se ve distinta, pero no deja de ser la misma torre. Los múltiples enfoques de un observador son distintas miradas que le permiten construir imágenes mentales combinadas, como diversas lecturas de una misma realidad.

La observación del territorio en rasgos generales, es un modo de ver que inquietó a Le Corbusier. La aviación, le permitió observar la tierra desde el aire, analizar las formas, develar las leyes y los rasgos generales de un territorio. Las distintas miradas, ya sea desde un avión o desde un barco, son una constante en el análisis del paisaje para Le Corbusier, que generalmente las realizaba tomando distancia del terreno observado [2], produciendo distintos acercamientos para detectar los elementos más significativos del territorio, escapando de lo más próximo al paisaje proyectado.

"(...) con el avión no es sino el barco en el mar y el pie del caminante en el camino, que permiten lo que podríamos llamar unas visiones humanas: se ve y el ojo transmite sosegadamente. En tanto que yo las llamo inhumanas e infernales las visiones ofrecidas por un tren o por un coche, incluso por una bicicleta" [3].

El modo de ver constituye una mirada, un paisaje, una imagen. Víctor Murgia, et al (2004), afirma que "El observador participa activamente en la experiencia de percibir el mundo exterior, transformándolo en una representación de su mundo interior (...), el resultado de este proceso de transformación y representación está íntimamente ligado a la posición desde la cual se observa, y a la conformación corporal y anímica del observador". Doberti se refiere al mismo tema de la siguiente manera: "(...) esa aprehensión que es mirada, es decir que es organización e interpretación, sólo se estabiliza, sólo es entidad cultural, cuando con el dibujo se completa, cuando a través del dibujo, puede decir qué mira del mundo y desde dónde mira ese mundo al que hace nacer" [4]. Desde estas dos citas abordamos la siguiente conclusión: la mirada lleva implícita la determinación de un encuadre y una escala de plano, relacionado con el cuadro, en el cual se inserta la imagen -en el concepto fotográfico y cinematográfico-.

En la actualidad, la informática se presenta como una herramienta alternativa que permite un nuevo modo de mirar y de proyectar futuras realidades, habilitando multiplicidad [5] en las miradas proyectuales. Al hablar de mirada proyectual, nos referimos al lugar desde el cual se mira y diseña el paisaje, y con un tipo de andamiaje instrumental particular que habilita y condiciona esa mirada. Cuando las imágenes son construidas entramos en el campo del diseño del paisaje, por consiguiente diseñar un paisaje, sería para el diseñador, expresar y construir una imagen que al materializarse en un territorio físico podrá ser observada por otros seres.

Los modelos epistemológicos que promueven la complejidad [6], el caos y la lógica en red que guía nuestros procesos cognitivos, sumados a la aparición de la computadora personal a principios de la década de 1980 -hecho que provocó un cambio en todas las actividades humanas-, son algunos de los paradigmas que han influenciado en la aparición de una nueva morfología del paisaje.

La compleja realidad actual de los medios de comunicación y los flujos de información requiere nuevos modos de mirar y comprender las diversas y cambiantes realidades. Los mecanismos tradicionales de representación se tornan limitados frente a la complejidad. La perspectiva, el dibujo a mano alzada, el collage o tantas otras técnicas bidimensionales de representación, no nos permiten ver todas las variables. Es oportuno aclarar que los ordenadores son herramientas recientes y singulares, no implican la sustitución de las herramientas tradicionales. Es conveniente inscribirse dentro del "paradigma de interacción de medios" [7]. La combinación de múltiples herramientas, en un mismo proceso de diseño, es explorada en diversos trabajos de investigación desde mediados de los años noventa.

La incorporación de nuevas tecnologías en el campo del diseño arquitectural genera nuevos entornos y modifica los existentes, del mismo modo que la percepción del territorio visto desde el automóvil es distinta a la mirada desde un helicóptero, al observar una imagen impresa en papel y observar la misma imagen en un monitor se plantean diferencias de andamiaje que modifican la mirada.

La informática ha reducido el terreno de lo inmensurable y lo inimaginable. Nuevas concepciones y formas complejas pueden producirse, representarse y construirse. Surgen formas urbano-arquitectónicas dinámicas, fluidas, entrelazadas o fragmentadas; producto de lógicas compositivas alternativas y resultantes de instrumentos innovativos, que potencian los procesos compositivos del paisaje, tal como los viajes aéreos de Le Corbusier o la aparición en la escena arquitectónica de la perspectiva científica.

Bruneleschi al describir la perspectiva lineal y definir los principios de su construcción, inicia la representación en el proyecto arquitectónico. Leonardo Benévolo, en su libro "Diseño de la ciudad" (volumen 4) [8], se refiere a la aceptación de la nueva técnica por parte de los grandes maestros diciendo: "Tanto Donatello como Masacio aceptan la perspectiva como un medio para ver con nuevos ojos el espectáculo del mundo (...)". Con esta técnica proyectual, en el transcurrir de la historia, se originan los edificios de carácter monumentales, los grandes jardines y las extensas y amplias avenidas, que transformaron la morfología de la ciudad y sus límites, imponiendo nuevas perspectivas que derivaron en un nuevo modo de ver, de diseñar, de comprender y enfrentarse al paisaje.

Las nuevas tecnologías, las redes de información y los ritmos y velocidades de transferencia de datos comienzan a constituir nuevos soportes proyectuales, como verdaderos entornos virtuales del diseñador. La perspectiva determina una única mirada de dirección estricta, los nuevos medios habilitan la multiplicidad de miradas, este concepto lo ejemplificamos, de modo extremado, con la imagen de la cabina de control de una naves en el film "The Matrix" [9], donde más de una docena de monitores exhiben diversas miradas de la realidad exterior; es la posibilidad de ver el proyecto desde diversos puntos de vista y de modo simultáneo.

"Los espacios virtuales representan nuevas relaciones que ponen en crisis las relaciones que establecemos con lo que denominamos 'realidad'. Lo virtual aporta un cúmulo de imágenes al repertorio ya existente, redimensionándolo. Las experiencias cotidianas, a las que denominamos 'reales', se desarrollan en el espacio; sin él, no se podrían generar experiencias, tampoco podríamos representar esa realidad ya que las imágenes necesitan de él para ser configuradas" [10].

La conjunción informática-diseño, implica el surgimiento de los nuevos entornos y herramientas de trabajo en donde coexisten relaciones físicas y relaciones estrictamente virtuales, entre el diseñador y sus instrumentos. De estos nuevos entornos en la práctica proyectual universal surge un tipo paisaje que denominamos alternativo -por las características y cualidades que lo diferencian del tradicional o clásico-, emergente en la década del noventa y hasta la actualidad, periodo coincidente con la implementación masiva de los medios digitales en el proceso de diseño.

La mirada proyectual virtual se funda en los nuevos entornos del diseñador, el de los softwares y los monitores que los hacen visibles; las pantallas no son las imágenes, son el soporte técnico que las presenta. El resultado del diseño digital se evidencia en imagen, por consiguiente es un instrumento que nos permite percibir y asignar significados en un determinado contexto. La imagen es un modelo de simulación que estimula la sensibilidad de quien observa o imagina, el render es imagen, es representación y es ficción. Este nuevo modo de ver la realidad desde la virtualidad en los procesos proyectuales implica comprender que los renders o visualizaciones tridimensionales de ordenadores, ya no deben entenderse como piezas gráficas de las instancias finales del proceso de diseño, o como imágenes de ilustración en la comunicación del proyecto acabado. Los altos valores para la simulación y el realismo fotográfico, deben ser empleados en instancias previas a la definición del proyecto, como herramientas de verificación que pueden determinar ajustes, modificaciones, o habilitar la continuidad del proceso de diseño. Desde la realidad virtual, los renders permiten prefigurar el paisaje, anticipándonos a la futura realidad física.

Dentro de las posibilidades de visibilidad en los medios digitales, encontramos las imágenes tridimensionales, emergentes de los softwares de modelado 3D. Los ordenadores brindan la posibilidad de construir modelos digitales [11] o virtuales, y de alta precisión, dependiendo de la cantidad de datos que el diseñador asigne. Estos modelos se transforman en herramientas experimentales, que permiten verificar determinadas organizaciones en situaciones particulares. No son estructuras rígidas, aceptando cambios, adiciones y retroalimentaciones en un constante ejercicio exploratorio complejo.

Las miradas virtuales son múltiples y simultáneas, es lo que Laurent Jullier (1998), denomina como revolución prospectivista: "Las imágenes 3D, en un dispositivo interactivo, ofrecen un punto de vista a la carta" [12]. Los programas de modelado tridimensional brindan la posibilidad de observar los modelos desde los distintos sistemas de dibujo: Monge (cortes, vistas, plantas, capas de información), perspectiva cónica, perspectiva paralela y diversas visiones tridimensionales; observándolas simultáneamente en pantallas repartidas; además de intercambiar los puntos de vista a placer del diseñador. Los softwares de modelado geométrico tridimensional disponen de cámaras de observación que ofrecen al diseñador la posibilidad de posicionar la mirada en el lugar deseado del paisaje proyectado. Las cámaras, simulan miradas desde lejanas o aéreas, a otras más próximas y los interiores más recónditos de cualquier modelo -como lo hace la fotografía o el cine- brindando percepciones espaciales, que aunque de modo estrictamente visual, se pueden considerar como aproximaciones virtuales a la experiencia física arquitectónica, denominadas con el término: inmersivas.

"Las posibilidades de la visión simultanea de distintos aspectos del objeto arquitectónico, desde visiones parciales o inmersivas, o incluso la realidad virtual, permiten suponer una nueva dinámica del proceso de pensamiento tridimensional. No sólo por permitir la visualización de la 'maqueta virtual', sino por permitir visualizaciones inmersivas que acercan la experiencia del espacio hacia el diseñador. Además es necesario considerar la posibilidad de explorar de un modo no lineal las diferentes alternativas volumétrico-espaciales planteadas a lo largo del proceso" [13].

De los modelos digitales se generan imágenes como si se tratara de fotografías de modelos materiales (físicos), se puede penetrar en los modelos con las cámaras y los objetos aparecen como fotografiados o filmados, siendo el diseñador quien define los encuadres como en la dimensión analógica. El punto de vista de las imágenes 3D, puede ser aleatorio o premeditado, en cuanto a este último se puede recurrir a los conceptos técnicos de la fotografía o del cine y, tratándose de las miradas aéreas, a los tres tipos definidos anteriormente.

Las cámaras de los softwares se comportan o poseen funciones idénticas a las de una cámara fotográfica analógica y/o digital, permitiendo regular objetivos, profundidad focal, etc. Esta particularidad de los softwares, es empleada particularmente por Zaha Hadid [14] en la prefiguración de los proyectos, desafiando las convenciones euclidianas, al experimentar la mirada virtual de los modelos 3D con objetivos de distancia focal corta [15]. El resultado de estas experiencias, son perspectivas con fugas distorsionadas, que exacerban las cualidades morfológicas de sus paisajes.

Todo modelo virtual se hace visible en imágenes, percibidas en las pantallas, y el resultado representacional del mismo también es una imagen -vista en soporte electrónico o físico (impresa)-, bajo la denominación de render. Un render es una imagen digital producto de una creación infográfica; una sucesión de ceros y unos que surgen del cálculo matemático realizado por los ordenadores, a partir de funciones ejecutadas en los softwares de modelado tridimensional. El render es imagen, por consiguiente, una construcción visual que ficciona una determinada realidad en un modelo de simulación, que permite prefigurar el paisaje, anticipándose a la futura realidad física.

Estos nuevos modos de mirar y proyectar la realidad, se traducen en la construcción de la ciudad y el territorio, y posiblemente sean factores que comiencen a influir no solamente en las miradas proyectuales sino también en manifestaciones culturales, como nuevas pautas en la lectura del paisaje, propias de nuestra época, como lo sucedido en el Renacimiento.

Notas

1. Naselli, C., "De ciudades, formas y paisajes", Paraguay: Arquna ediciones, 1992.
2. Le Corbusier comenta en su libro "Precisiones", que a 500 o a 1000 metros de altura, y a 180 o 200 kilómetros por hora, la visión desde el avión es la más tranquila, y regular, menciona que puede apreciarse el pelaje salpicado de marrón o negro de una vaca, y que todo toma la precisión de un plano.
3. Le Corbusier, "Precisiones, respecto a un estado actual de la arquitectura y del urbanismo", España: Ediciones Apóstrofe, 1999, (292 pp.)
4. Doberti, R., "La mirada", revista SCA 208, Argentina, 2003, pp. 72-74

5. Multiplicidad entendida como generación y diversidad, no como repetición.
6. "A primera vista la complejidad es un tejido (complexus: lo que está tejido en conjunto) de constituyentes heterogéneos inseparablemente asociados (...) la complejidad es, efectivamente, el tejido de eventos, acciones, interacciones, retroacciones, determinaciones, azares, que constituyen nuestro mundo fenoménico. Así es que la complejidad se presenta con los rasgos inquietantes de lo enredado, de lo inextricable, del desorden, la ambigüedad, la incertidumbre..." (Edgar Morin, 1990).
7. Definido por Bermúdez J., "Producción arquitectónica híbrida, entre el medio digital y el análogo" 1998, Recuperado de: https://www.academia.edu/5012910/Produccion_Arquitectonica_Hibrida_Entre_el_Medio_Digital_y_el_Analogo
8. Benévolo L., "Diseño de la ciudad: El arte y la ciudad moderna del siglo XV al XVIII, Volumen 4", Barcelona: G. Gili, 1979, (206 pp.)
9. Wachowski, et al, "The matrix", Barcelona: Octaedro, 1999, (170 pp.).
10. Montagú A., et al, "Cultura digital", Argentina: Paidós, 2004, (213 pp.). Quien cita a Pimentel en "Super conectados".
11. "Se entiende por modelo digital, en términos computacionales, a un sistema matemático que operacionaliza propiedades de un sistema representado. Es una abstracción formal posible de ser manipulada, transformada y recompuesta en infinitas combinaciones y que actúa como la réplica de la estructura y del comportamiento de las propiedades de un fenómeno real o imaginario." Diana Rodríguez Barros (2001).
12. Laurent Jullier "Les images de synthèse: de la technologie à l'esthétique", París: Nathan, 1998, (128 pp.).
13. Martín Q., Rodrigo "La integración de la computación en la enseñanza de la arquitectura", en 5° SIGraDI, Concepción: 2001, G. Guzmán Dumont (ed.). Chile: Universidad de Bio-Bio, 2001, pp. 229-231.
14. Recuperado de: www.zaha-hadid.com
15. Un objetivo de distancia focal larga, capta una porción pequeña de la realidad y uno de distancia focal corta produce el efecto inverso.

Bibliografía

Benévolo L., "Diseño de la ciudad: El arte y la ciudad moderna del siglo XV al XVIII, Volumen 4", Barcelona: G. Gili, 1979.

Bermúdez J., "Producción arquitectónica híbrida, entre el medio digital y el análogo" 1998, Recuperado de: https://www.academia.edu/5012910/Produccion_Arquitectonica_Hibrida_Entre_el_Medio_Digital_y_el_Analogo Doberti, R., "La mirada", revista SCA 208, Argentina, 2003.

Guzmán Dumont (ed.). Chile: Universidad de Bio-Bio, 2001.

Hadid, Zaha. Recuperado de: www.zaha-hadid.com

Laurent Jullier "Les images de synthèse: de la technologie à l'esthétique", París: Nathan, 1998.

Le Corbusier, "Precisiones, respecto a un estado actual de la arquitectura y del urbanismo", España: Ediciones Apóstrofe, 1999.

Martín Q., Rodrigo "La integración de la computación en la enseñanza de la arquitectura", en 5° SIGraDI, Concepción: 2001, G. Montagú A., et al, "Cultura digital", Argentina: Paidós, 2004.

Naselli, C., "De ciudades, formas y paisajes", Paraguay: Arquna ediciones, 1992.

Wachowski, et al, "The matrix", Barcelona: Octaedro, 1999.

La problemática del espacio y el lugar en la arquitectura actual

ADRIANA QUIROGA ZULUAGA

A raíz de la investigación que se lleva a cabo de arquitectura contemporánea en la actualidad, se hizo necesario estudiar el tema del espacio en la arquitectura del siglo XX y con ello poder hacer una descripción breve de la relación existente entre espacio y lugar, que para mi punto de vista son dos temáticas totalmente diferentes cuya relación es irrevocable.

Ahora bien, para realizar la elaboración de este artículo se toma el campo de la percepción para, a partir de allí, poder ubicar el área de estudio del espacio y del lugar. Se entiende por percepción al producto elaborado en el cerebro que nace de la unificación de los sentidos; se percibe de acuerdo al proceso que es dado por los sentidos, el cual depende de cada individuo y de su condición cultural y fisiológica, por lo tanto es unívoca.

Una de las primeras teorías sobre la percepción la desarrolla la escuela de la Gestalt [1], toma los lineamientos de la sociedad occidental y se despliega a través de patrones por los cuales la percepción distingue un objeto en su fondo; contemplando la imagen a partir de unos cuantos indicios. Tiene como principios básicos, darle un carácter formal a la percepción, esto significa que toda forma tiene una estructura global que está gobernada por leyes propias que tienden a su plenitud. Con el existencialismo, la percepción se enfoca a partir de la ubicación del hombre, de tal manera que el hombre se encuentra en el centro y maneja un sistema de direcciones que van cambiando con respecto al movimiento del cuerpo; entonces la percepción para el existencialismo, a diferencia de la teoría de la Gestalt, tiene en gran parte un grado de subjetividad, donde el espacio arquitectónico que se percibe depende del perceptor y de sus direcciones propias. Por consiguiente una de las formas de entender el estudio perceptivo de la arquitectura va depender de cada individuo respondiendo a una forma de vida entendida en su expresión física.

La percepción para este caso es subjetiva y va ligada básicamente a la condición cultural y fisiológica de los sujetos; donde el sujeto da un sentido de significación. En este sentido, se convierte en una herramienta de análisis de espacios indispensable para la arquitectura en la actualidad, influye como factor en el momento que determina lo que el objeto nos identifica como resultado. Para poder valorar a la arquitectura como modelo de expresión, resultado de un proceso demandado por la sociedad occidental, debemos tomar en cuenta los factores y efectos que la han producido, pero también su desarrollo en el contexto sociocultural actual en el que se desenvuelve. "La valorización en este caso debe estar centrada hacia los deseos, intereses y tendencias de comportamientos individuales y de masas" [2], el principio de valor que ejerce el arquitecto se da como una respuesta de modelo a los procesos económicos, tecnológicos y culturales que determinan la serialización ordenada de sus actos.

Con ello el espacio se convierte en el elemento donde se desarrolla la valorización de la arquitectura, donde convergen todas las manifestaciones humanas. Es decir, el espacio actúa como signo porque comprende un significante que es el lugar concreto ante mí y un significado (el objeto arquitectónico) que es el espacio sugerido por el significante; con esta propiedad de signo el espacio oscila continuamente entre el espacio del significado y el espacio del significante.

El concepto de espacio en la actualidad

Si entendemos la importancia del espacio en las manifestaciones humanas, como el escenario donde se manifiesta toda materia tangible que resulta del contexto socio cultural. Podremos comprender al espacio como el elemento donde interactúa la percepción del individuo con respecto al objeto diseñado.

Estos objetos arquitectónicos generan comportamientos humanos que se generan secuencialmente de acuerdo a los cambios continuos que el espacio, en su interior, va enfrentando. Es decir, el espacio está fuertemente influenciado por el contexto sociocultural que lo conforma, esto conlleva a que la evolución constante de factores económicos, tecnológicos, sociales y comunicativos entre otros, ocasionen en el diseño de los espacios cambios repentinos que afectan el comportamiento humano.

Tomemos un ejemplo de amplia escala, el espacio de la ciudad: "como el gran espacio humano conformado, que plasma la materialización y delimitación del espacio; es el escenario del lenguaje de las evocaciones y los sueños; es el mundo de una imagen que lenta y colectivamente se va construyendo y volviendo a construir incesantemente [3]. Vemos que la conformación de espacios urbanos se transforma en lugar simbólico, porque en ellos la celebración del ritual, la fiesta, la diversión y el entretenimiento consagran los elementos plásticos plurisensoriales como productos efímeros o de escenificación de la vida.

Entrando en detalle, encontramos que el espacio no se debe entender como un concepto abstracto, es el significado que adquieren una serie de condicionantes que lo conforman, en función a sus características y a la forma de vivir en su interior. Existen espacios que están destinados a funcionar como instrumentos en torno a una serie de rituales, sagrados o profanos, de larga duración o no perdurables; cuya función es la interacción, que tienen fundamentos en una estructura ideológica de la comunidad que lo consume.

De acuerdo a esto, el espacio es tomado como el lugar de manifestación de cualquier actividad cultural, que va muy ligado con la forma de actividad específicamente humana en su utilización estética: "Una actividad que consiste en transformar materiales mediante una actitud creativa y poblar el entorno con signos cuya misión final es comunicar, mediante un repertorio simbólico consensual, la descripción que de la realidad hace cada comunidad" [4]. Estas formas de comunicación, se pueden manifestar de acuerdo al mensaje de perdurabilidad que la comunidad quiera asignarle, empleando materiales de larga duración, como manifiesto para comunidades futuras o de una perdurabilidad temporal, donde interviene la utilización de materiales perecederos.

Para ello se debe tener en cuenta; "independientemente de su perdurabilidad, no existe un espacio transformado separado de una vivencia de tiempo, ni ninguna creación que no participe aunque sea en forma fugaz, en una representación de la cultura con un principio y un fin [5]. Siguiendo con este hilo conductor, se podrían manejar tres acepciones del espacio, con respecto a la evolución en el tiempo y la influencia del contexto sociocultural para su conformación, estas son:

1. El espacio natural transformado: Territorio

Se entiende como territorio el marco físico en donde se llevan a cabo las actuaciones encaminadas a la supervivencia del individuo y de las especies. Este marco físico está determinado por un medio físico y por el ecosistema del grupo que lo habita. Unifica las relaciones interindividuales, respecto a la organización social, dominio territorial y status. Se articula en un universo conceptual, la vida para una comunidad empieza a ser conformada en el momento que ella establece el punto cero, lugar geográfico que ocupa en el espacio y desde donde se referencia todo movimiento; delante, atrás, derecha, izquierda, arriba y abajo, según la dirección que posea respecto a partir y volver.

Esta organización de posesión del territorio, se denomina, "Geografía mítica", la cual tiene su enclave en las primeras manifestaciones religiosas, donde el espacio deja de ser neutro a otro nivel y aparece la diferenciación entre espacios sagrados y profanos [6].

2. El espacio como escenario

E. Gofmman [7], dice que cada ser colectivo representa una serie de papeles, donde el ser humano interactúa, como respuesta a las acciones de otros individuos, está ínter-actuación desarrolla una obra que se define como la actividad total del individuo para influir en los demás.

La vida es un teatro en donde el individuo es participe de una serie de representaciones ritualizadas que se llevan a cabo en escenarios exclusivamente utilizados para ese fin y que son ampliamente trabajados por medio de la ornamentación, donde la actuación del individuo se muestra como una fachada ante el lugar físico que permanece, de tal manera que el ser humano desarrolla su papel y abandona el lugar al momento de culminar.

La sociedad tiene establecidos unos sistemas de comunicación, los cuales imparten patrones ideológicos que se llevan a cabo durante un tiempo concreto en un marco físico determinado. Donde el espacio constituye un escenario utilizado por un grupo que se representa simbólicamente, en su interior la obra de arte espacial que lo conforma debe poseer una estética que represente el universo simbólico de esa comunidad. Es decir, el individuo ante la presencia de otros, genera una actividad llena de signos, los cuales sirven para destacar y confirmar su papel.

Concluye Goffman, que al analizar cada obra de arte desde este punto de vista, se debe interpretar como un elemento que participa en un espectáculo total, diseñado para vivenciar ideológicamente las experiencias de un grupo que se está renovando continuamente.

Lo que define y distingue una cultura de otra, son los diferentes mecanismos de escenificación que utilizan.

3. La arquitectura actual como espacio

Existen varias formas de explicar el concepto del espacio en la arquitectura y su relación directa con la sociedad que lo demanda, en este caso el hilo conductor a seguir es básicamente la influencia del contexto sociocultural en el último siglo, siendo el contexto una de las determinantes del diseño interior de espacios en algunos objetos arquitectónicos.

Durante la historia, el espacio es donde convergen todas las manifestaciones humanas, por ejemplo en la actualidad, se puede hablar del consumo del espacio que se genera a partir de la producción a gran escala del espacio, esta producción va muy ligada al proceso acumulado del capital y al aumento de los enlaces globales en la construcción, por medio de la reconstrucción, renovación y rediseño de los bienes raíces actuales. A su vez, el manejo de información a través de la tecnología de espacios que anteriormente no se tenían contemplados y que en la actualidad forman parte de una gran exploración de cobertura global que busca llevar a la actividad imaginaria a visiones fuera del espacio y la exploración planetaria.

El estudio del espacio toma una gran importancia en la arquitectura a partir del siglo XX, por ello daremos una breve sinopsis que delimita el espacio en función a su contexto; haciendo énfasis en los estudios sobre el espacio desde el Movimiento Moderno hasta nuestros días. En los últimos cuarenta años, según Robert Venturi, el hombre se ha centrado en el espacio como ingrediente esencial que diferencía la arquitectura de las demás artes. Siendo el espacio tradicional visto por el hombre, -las plazas- las cuales conciben la escala del peatón y es uno de los mejores modelos diseñados por el arquitecto que le gusta manejar los espacios cerrados.

Fue con arquitectos como Wright y Le Corbusier, que mostraban en algunas ocasiones en sus proyectos, como las demás artes se podían mezclar con la arquitectura y generar un espacio que no fuera sagrado para el arquitecto. Pero la arquitectura purista rompió con el eclecticismo del siglo XIX, y los arquitectos modernos negaron y abandonaron la teoría que permitía a las otras artes mezclarse con la arquitectura. El mensaje era básicamente arquitectónico.

Actualmente, la arquitectura busca una confrontación más directa con las demás artes, esto conlleva a que exista dentro de un marco del espacio, diferentes facetas, como las artes plásticas y las ciencias sociales, las cuales brindan al arquitecto la oportunidad de ampliarse, de manera libre, en el proceso del diseño.

3.1. El espacio y la arquitectura del Movimiento Moderno

A finales del siglo XIX, con el historicismo Hegeliano; se convertía fácil otorgar una cronología y secuencia a la apariencia de las cualidades formales, a la forma lineal, plana y masiva. Para finales del siglo XX, conceptos como posmoderno, moderno tardío y deconstructivista, buscaban identificar un núcleo de atributos estilísticos y específicos para medir la normalización, deformación y transformación en relación con "periodos" temporales [8].

A partir de 1900, el espacio se convirtió en el instrumento primario de la reforma arquitectónica, era acabar con el significado que el estilo traía con su abstracción y universalismo, el espacio se adapta y se acomoda a sus ciudadanos contemporáneos, siendo la premisa del diseño durante el movimiento moderno. El espacio es intangible escapa de la representación, sus cualidades se pueden caracterizar mediante un estudio que no está siendo representado.

El espacio, según Proust: elude la precisión verbal, los efectos de un espacio único pueden cambiar su naturaleza de acuerdo con los estados subjetivos e individuales de la mente, influenciados por papeles sociales, sexuales y de género, creando una imagen de comodidad por medio de asociaciones con términos como lugar y hogar [9]. Uno de los puntos de origen de este cambio social tiene que ver con la gran revolución que se origina antes de la primera guerra mundial, pero que toma fuerza después de 1918, " La gran revolución se lleva a cabo con la actitud mental de dos contrarios, trabajo - dirección (...) dirigiendo su preocupación hacia el incremento del tamaño de la plusvalía" [10].

Este fenómeno es totalmente dictatorial, porque el espacio es visto como sistema de producción, sirviendo como sustento para el espíritu del Movimiento Moderno con respecto al espacio: "El programa riguroso de la fábrica moderna". En los tiempos de guerra se proporcionaron modelos que podían ser aplicables a la primera necesidad de la reconstrucción, (la habitación). Para Le-corbusier, el racionalismo había conducido a un método de producción que revolucionó en su momento la arquitectura misma, por consiguiente cuando la manera de construir se modifica automáticamente, la estética de la construcción misma da un vuelco.

Por otro lado las ideas originarias de llevar a estudio el espacio en el siglo XX, también tienen su basamento en el tiempo, cuya relación o resultado es dado por la teoría de Einsten "Espacio-Tiempo". Después de la primera guerra mundial, el espacio era visto como representación de un término o como un envoltorio del tiempo, el tiempo era concebido como lo inevitable, la frecuente irrupción de la continuidad espacial; siendo la metrópoli moderna la manifestación clara de la influencia del tiempo en la ciudad, la metrópoli es el resultado de la asociación entre espacio - tiempo; el tiempo en la metrópoli marca ritmos cotidianos de transporte y necesidades productivas y comerciales de capital; esta relación físico- social (tiempo-dinero) se alimenta básicamente en el espacio de la metrópoli, el dinero es el motor de vida metropolitana y es el agente indispensable de la vida social.

3.2. El espacio en la arquitectura de la época de posguerra

Después de la segunda guerra mundial, historiadores como Zevi, Martiensse y De Fusco; dieron la idea propedéutica y distintiva del espacio moderno; confiriéndole al método de Taylor tonos instrumentales para responder a las nuevas sicologías del sujeto en el ámbito político, psicológico y sociológico [11].

Para los políticos como Teodor Herzl, George Simmel y Halbwachh entre otros, el espacio que se teorizaba en la geografía y la sociología fue el instrumento para entender a la arquitectura y el urbanismo; los sicólogos y filósofos, Piaget, Sartre, Monkowski y Heidegger, evocados por Bachelard, comenzaron a trabajar el espacio y sus múltiples relaciones en el ámbito de la poética, enfatizando a la arquitectura como una de las artes que está determinada principalmente por el papel del hombre en la sociedad. Funcionalistas, como Edward. T. Hally y Robert Sommer; sirvieron de consuelo, auxiliados por los manuales de organización espacial de Lynch y Alexander, mientras los marxistas -Henry Lefebvre- y poseestructuralistas -Foucault- revitalizaron la idea del espacio al relacionarlo con el poder y los sistemas de orden institucionalizado.

3.3. El espacio en la arquitectura posmoderna

Con el "relativismo" se desestabilizaron los conceptos espaciales modernistas; el relativismo otorgaba al espacio todas las características de una subjetividad proyectiva o le negaba todo papel funcional o instrumental. Arquitectos como Himmelblau, maneja de forma abierta en sus obras, las fuerzas psíquicas de la proyección y la intervención que se enfrenta en el espacio euclidiano en colapso. "Nuestra arquitectura carece de plan físico, no así de plan psíquico" [12]. Para Freud, era posible concebir un mismo espacio que albergase dos contenidos distintos al mismo tiempo; solo en nuestra mente se podían ubicar dos lugares en el mismo espacio. Es así como el arquitecto Himmelblau, toma la arquitectura con doble significado acercándose al imaginario freudiano, y habla de la "post imagen" del expresionismo. Ejemplo de ello está en su obra "El Bar Ángel" ubicado en la ciudad de Viena.

En la ciudad el espacio posmoderno se ve reflejado por la integración de la calle con el espacio privado, al extenderse la calle publica en los conjuntos residenciales donde no entran sino los moradores, pero la calle privada continua simulando ser pública, o cuando nos encontramos sentados en un café ubicado sobre la calle, encontramos en un mismo espacio la posibilidad de estar adentro y afuera en un mismo lapso de tiempo [13].

Como individuos, estamos dentro de una escena ya habitada por nuestros dobles y construida como nuestra psique, siendo este quizás el material con el que se fabriquen las "utopías", no es el sueño feliz de satisfacción sino el deseo bloqueado.

3.4. El espacio en movimiento

Fenómeno muy característico de este decenio en la obra arquitectónica, el cual está ampliamente enfatizado en la obra de Ghery y de algunos de sus contemporáneos; el poder representar las transformaciones sucesivas dentro de la idea del movimiento visual y corporal en el espacio, para que con ello el movimiento de sus obras adopte diversas formas. Encontramos movimiento en obras de construcción aparentemente incompletas comparadas con los movimientos dadaístas, constructivistas y expresionistas de inicios del siglo XX. El manejo de la perspectiva no es tan sólo una simple técnica de representación para describir una forma previamente diseñada sino un implemento generador o productor de espacios; donde el observador queda atrapado entre las insistencias de un orden preconcebido y la realidad evidente de una sola distorsión percibida.

El movimiento se engendra fenomenológicamente bajo la incertidumbre del ojo, como la torsión que se aplica a construcciones con previa estabilidad espacial. Ghery, estudia el lugar del sujeto dentro del movimiento del espacio arquitectónico; en un intento por determinar los límites apropiados para el sujeto con respecto a la arquitectura, el individuo actúa de acuerdo a la ilusión de proyección de los desplazamientos psicológicos y visuales de la mente, algo que va en contra del pensamiento que hacía parte del movimiento moderno.

La arquitectura en este sentido se convierte en escenario que sirve como estímulo de auto representación y que a la vez pone en prueba, condensa y disemina; para ello la arquitectura debe tener cierta autonomía de sí misma y engendrar su propia vida análoga, mas no imitadora del sujeto [14]. Una vez que la arquitectura es habitada, sus distorsiones operan en conjunción con las del sujeto en una forma de conversación ya no orientada a reinstalar al sujeto en la gloria central, sino a la exploración de todas las dimensiones de la diseminación espacial del sujeto.

El concepto de lugar en la actualidad

La problemática del lugar es ampliamente trabajada en este siglo por la escuela de la Gestalt, a través del estudio perceptivo que el hombre tiene del lugar, y propone sustituir el concepto del lugar por espacio. Pero, es con el movimiento existencialista que se propone edificar lugares para el habitar [15], entendiendo que habitar lleva consigo la palabra morar [16]. Existen varias acepciones sobre el lugar de áreas interdisciplinares que son empleadas por la arquitectura, tal es el caso de la filosofía y la antropología entre otras, las cuales determinan el lugar como una idea de espacio que se establece en el tiempo; con esto la arquitectura genera al lugar una continuidad que va estableciendo las raíces de la sociedad; la obra arquitectónica pone de manifiesto, celebra, examina y atiende, el espíritu del lugar " Genius Loci". Determinando al espacio como una divinidad mítica [17].

El lugar toma su verdadero significado cuando adopta su posición frente al espacio, en el momento que se integran las manifestaciones entre los objetos y los fenómenos que les rodea. Premisa que se viene elaborando desde la antigua Grecia con Aristóteles, define la primera acepción del término del lugar en la cultura occidental, para Aristóteles el lugar está definido por un límite del cuerpo envolvente que está en contacto con otro cuerpo en afinidad. Sin embargo, veintidós siglos después la modernidad, vuelve a retomar esta concepción del lugar y la empieza a trabajar ampliamente, ejemplo de ello lo encontramos en Hegel, el cual define al lugar por la relación del espacio con el tiempo y a la vez lo vincula con el movimiento y la materia. Bachelard en el siglo XIX plantea el valor del lugar, manifestado por la apropiación que el individuo tiene de él, en otras palabras cuando el ser humano se apropia del lugar lleva consigo el sentido del morar. Para este siglo nos encontramos con el existencialismo, este movimiento tiene amplia influencia de los filósofos anteriormente citados, en especial Hegel; y es con Heidegger que se dará una breve explicación sobre el concepto del lugar en la actualidad, definido con respecto a la posición y a las direcciones del hombre.

Retomando las bases teóricas que utiliza Cristian Norberg Schultz, nos centraremos en el movimiento existencialista, y su fuerte influencia en la concepción del lugar; el existencialismo ve el problema del espacio arquitectónico como dimensión de la existencia humana. Este espacio existencial es interpretado como la concretización de esquemas ambientales o imágenes que son parte de la orientación general del hombre y de su estar en el mundo, y genera movimientos innatos del cuerpo humano que a su vez crean un sistema de direcciones. Esta percepción es limitada y subjetivamente definida ya que depende de la relación entablada por el hombre y el espacio que lo converge dentro de sus direcciones. En otras palabras, el espacio arquitectónico existe independientemente del perceptor casual, por ello el espacio está dirigido a la interpretación de la existencia humana diferente de ser catalogado como una dimensión del pensamiento o de la percepción.

Entonces se puede tomar a partir de esta postura existencialista el concepto de permanencia, característico del lugar. Si retomamos a Piaget, la permanencia en los objetos está definida por el significado del objeto: "El objeto hace parte de un sistema de imágenes perceptivas, dotado de una forma espacial constante de principio a fin y puede ser un elemento aislado en el despliegue casual de las series en el tiempo (....) Las cosas son permanentes aunque puedan reaparecer o aparecer, lo importante es como el objeto se vuelve permanente bajo las imágenes móviles de inmediata percepción [18].

Vinculando lo anteriormente descrito con el objetivo de esta investigación podemos entender una visión más amplia del concepto de lugar para la sociedad; el universo está constituido por objetos permanentes conectados por relaciones casuales independientes del sujeto y situados en el espacio y en el tiempo, siendo el espacio producto de la interacción entre el organismo y el ambiente que lo rodea. Al ubicar este sujeto como centro, sus acciones se van a diferenciar y multiplicar en nuevos centros; siendo el primer centro el hogar (lugar para el habitar) y a partir de allí se generan lugares de acción donde se llevan a cabo determinadas actividades del ser humano y su colectividad, los lugares van a cambiar de acuerdo al centro del individuo.

"El lugar siempre es limitado, ha sido creado por el hombre y montado para su especial finalidad" El lugar es donde se experimentan acontecimientos de nuestra existencia significativos, define un punto de partida, a partir del cual nos orientamos y nos apoderamos del ambiente circundante [19]. El ser humano tiende a generar un ambiente estructurado, que brinda la capacidad para reconocerlo, y esto va ayudado de la existencia de los lugares que son relativamente invariables; por ello, un mundo en constante cambio no permite establecer dicho ambiente. Este ambiente estructurado va siendo la respuesta de la territorialidad, donde el individuo actúa como organismo que reclama característicamente una superficie, defendiéndolo hasta de miembros de su misma especie; entonces el lugar se convierte en el espacio propio, que es sagrado y define una territorialidad.

Los lugares son creados, dentro de sus múltiples acepciones, para desempeñar actividades básicas (institucional, educación, salud etc.) y para dar un sentido de límite que marca la distancia que hay entre individuos; estos límites a la vez generan lugares comunes para miembros de una sociedad, donde el espacio público hace que el espacio individual halle su lugar personal. El lugar requiere de un límite definido cuya forma centralizada implica una concentración, y este límite se convierte en el elemento básico del espacio existencial.

El lugar, dentro de la teoría de la Gestalt, está basado en la proximidad y cierre, que genera una concentración de masas, por ello la arquitectura tiene la tendencia a marcar un lugar por medio de una gran masa; pero el lugar no únicamente concentra, también es un punto de partida que está determinado por la relación del individuo con otros lugares. Para esto Kevin Lynch señala a los lugares como nodos o focos estratégicos en que el observador puede introducir típicamente, uniones de caminos, o concentraciones de algunas características [20].

Por último, es importante definir que esta concepción de lugar, en este sentido va determinando una territorialidad que el ser humano mora. Siendo el "morar" lo que asigna el grado de subjetividad al lugar. Con esto la problemática del espacio y el lugar en la arquitectura actual no queda del todo resuelta, no se puede dar una teoría exacta, que defina cada concepto y su relación, pero si se pueden establecer los lineamientos necesarios para su conformación, a través del estudio del contexto sociocultural al que pertenece y a partir de allí poder tener una lectura más clara de la arquitectura en la actualidad. Podríamos entonces dejar el siguiente estudio abierto al campo de la investigación y suscitar al lector para que entable su posición con la aportación de las siguientes preguntas:

1. ¿Se puede decir que dentro de un espacio, se pueden referenciar uno o varios lugares?
2. ¿El espacio se puede crear independientemente del lugar, o el lugar es definitivamente la esencia que determina la importancia del espacio?
3. ¿Cómo se puede delimitar el final del espacio, independientemente de su conformación física, ya que en el campo virtual el espacio no tiene fin?

Notas

1. El término Gestalt, significa todo o forma; esta escuela de origen alemán estudia la forma en que se perciben y experimentan objetos con patrones totales.
2. De Fusco R., "La arquitectura como mass- médium", Barcelona: Anagrama, 1970.
3. Silva A., "Imaginarios urbanos, Bogotá y Sao Paulo: Cultura y comunicación urbana en América Latina", Bogotá: Tercer mundo, 1994, p.15.
4. Fernández A., "Arte efímero y espacio estético", Barcelona: Antrophos, 1998, p.19.
5. Ídem.
6. Fernández, *op. cit.*, p. 20.
7. Psicólogo que estudia el comportamiento del ser humano en la cotidianidad. En su libro "La presentación de la persona en la vida cotidiana", Buenos Aires: Amorrortu, 1959.
8. A Fin de siglo cien años de arquitectura, The Museum Of Contemporany Art, "El Antiguo Colegio de San Idelfonso", Catalogo de exposición., México: CONACULTA, 1999.
9. CONACULTA, *op. cit.*, p. 103.
10. Frederick Winslow Taylor (1856-1915) Economista que realiza el método organización racional del trabajo. Este método marca el inicio de un sistema que se genera cuando el ser humano actúa como jefe de un grupo y rompe con los hábitos de militarización sistemática

de sus trabajadores; por medio del entretenimiento sistemático de las suposiciones y recortes saláriales, para generar un día de trabajo cabal, pp. 17-18.

11. Ídem.
12. Ídem.
13. Silva A, *op. cit.,* p. 15.
14. CONACULTA, *op. cit.,* p. 119.
15. Heidegger, M., "Interpretaciones sobre la poesía de Hölderlin", Barcelona: Editorial Ariel, 1983. Heidegger introduce una acepción al término habitar": Significando algo más que residir en un lugar: Indica la auténtica relación entre el hombre y las estructuras existenciales. El hombre habita cuando es capaz de encarnar las estructuras existenciales fundamentales en cosas como edificios y lugares.
16. Morar (Buan): Quedar, demorarse, para Heidegger es la relación del hombre con los lugares, con los espacios (Ruam). El Construir es propiamente morar El construir como morar, se desarrolla en un construir que cuida, a saber, el crecimiento y en un construir que erige edificios. Heidegger.
17. Solá M., "Topografía de la arquitectura Contemporánea", Barcelona: Gustavo Gili, 1996.
18. Schultz, N., "Existencia, espacio y arquitectura", Barcelona: Editorial Blume, 1975, pp. 22-49.
19. Ídem.
20. Ídem.

Bibliografía

CONACULTA, "A Fin de siglo cien años de arquitectura, The Museum Of Contemporany Art, El Antiguo Colegio de San Idelfonso", Catalogo de exposición., México: CONACULTA, 1999.

De Fusco R., "La arquitectura como mass- médium", Barcelona: Anagrama, 1970.

Fernández A., "Arte efímero y espacio estético", Barcelona: Antrophos, 1998.

Gofmman, E., "La presentación de la persona en la vida cotidiana", Buenos Aires: Amorrortu, 1959.

Heidegger, M., "Interpretaciones sobre la poesía de Hölderlin", Barcelona: Editorial Ariel, 1983.

Schultz, N., "Existencia, espacio y arquitectura", Barcelona: Editorial Blume, 1975.

Silva A., "Imaginarios urbanos, Bogotá y Sao Paulo: Cultura y comunicación urbana en América Latina", Bogotá: Tercer mundo, 1994.

Solá M., "Topografía de la arquitectura Contemporánea", Barcelona: Gustavo Gili, 1996.

114

El Bosque de Chapultepec
Una noción de "lugar" en la arquitectura de paisaje

ALICIA RÍOS MARTÍNEZ

La arquitectura consigue lugares para vivir, pero ¿qué sucede con la arquitectura de paisaje? ¿Puede un espacio abierto o un paisaje ser reconocido por la gente como "un lugar"? ¿Acaso son sitios que consiguen también la habitabilidad? Kant advierte que "no se puede ser arquitecto de un mundo sin ser al mismo tiempo su creador", de igual manera, en la arquitectura de paisaje para que la naturaleza, componente esencial del diseño, forme parte de un sentir que se reconozca más adelante como lugar, es necesario que exista algo de creación humana en ella reconstruyéndose posteriormente en el imaginario de quien vive esta arquitectura a cielo abierto.

El lugar, para la arquitectura de paisaje, pudiera no ser una forma ni una materia, sino un intervalo corporal como lo concibe Aristóteles [1], el cual hace referencia a una envoltura límite en la cual coincide la frontera interior de lo que conforma el lugar y la frontera exterior del cuerpo movible que está en el interior del lugar. Podríamos hablar en este sentido, de lugares itinerantes naturales en los que la vida en contacto con la naturaleza se vuelve esencial [2]. Una manera de entender esto es la envoltura que brinda la naturaleza a través de un bosque y el visitante que se mueve en el interior del mismo, como ocurre en uno de los parques urbanos más importantes de la Ciudad de México conocido como el "bosque de Chapultepec".

Pero, ¿cuál es el sentido del lugar para una cultura que ha tomado la naturaleza como envoltura? Esto sólo se puede explicar a través del simbolismo del espacio denominado por Muntañola como espacio socio físico y que en algunos casos, presenta una evolución cronológica. El Bosque de Chapultepec se encuentra inmerso en un contexto urbano que muestra el desarrollo de una civilización, quizás por ello guarda como tesoro una historia que narra cómo ha concebido la cultura mexicana su construcción y acercamiento a la naturaleza durante varias épocas, edificando con ello una arquitectura de paisaje que la convierte en un sitio habitable.

Chapultepec significa en náhuatl "cerro del chapulín" [3] por la silueta que conforma el lomerío de roca andesita, que a manera de oasis urbano, se distingue entre la gran planicie sobre la que se asienta la ciudad. En tiempos prehispánicos, este cerro por su forma natural y estratégica localización se utilizó para observar los fenómenos naturales que incidían en la vida cotidiana, se convirtió en punto de campañas militares, funcionó como refugio y tuvo ocupación humana teotihuacana, tolteca y mexica debido a la existencia de manantiales. La presencia de los mexicas produjo obras de ingeniería hidráulica como acueductos y canales que transportaban el agua desde esta colina hasta Tenochtitlán bajo el reinado de Moctezuma Ilhuicamina [4]. Nezahualcóyotl, rey de Texcoco, cuando habitó en el bosque, realizó el primer acueducto acompañado de la canalización de agua en posas, construyó su primera edificación como estirpe real al pie del cerro y lo enriqueció con flora y fauna, entre la que destacan los ahuehuetes [5] "viejos del agua" en náhuatl, que en aquellos tiempos custodiaban el bosque y hoy son testigos de la abundancia de agua que alguna vez tuvo esta naturaleza que comenzaba a ser cultivada y manipulada según el modo de vida mesoamericano.

Los mexicas bajo su cosmovisión, dejaron la evidencia física del simbolismo que tuvo este cerro como lugar sagrado o espacio ritual en los años previos a la conquista española, convirtiéndolo en sitio de placer y jardín botánico. La presencia de agua en este gran montículo de roca, lleva a la creencia de que en él habitaba Tláloc y Chalchiuhtlicue, dioses patronos del agua y la vegetación, siendo así una "montaña sagrada", para lo cual se construyeron santuarios a manera de templos monolíticos, excavados en la misma roca, conocidos como "albercas", estanques o posas [6].

Los jardines botánicos del altiplano mesoamericano como lo fue Chapultepec, eran jardines de placer para la nobleza, pues contenían plantas medicinales y de ornato traídas de zonas lejanas a manera de tributos, pero también albergaban fauna por lo que se consideraban especie de jardines-zoológicos. Cortés en 1520 hace una descripción de estos sitios donde agrega que además de hermosos jardines y estanques de agua dulce y salada con todo linaje de aves, había jaulas de muy gruesos maderos bien labrados y encajados, con lobos, zorras y felinos, pero también había enanos, corcovados, contrahechos, con deformidades, cada uno a manera de monstruos en su cuarto [7]. Había dentro de este bosque estructuras que conducían, almacenaban y creaban juegos de agua como estanques, posas, temazcales (la estructura conocida como "baño de Moctezuma" probablemente sea uno de ellos), acueductos y cascadas para embellecer el jardín. Adicionalmente contaban la historia de sus gobernantes mediante esculturas o glifos grabados en la roca, es por ello que Moctezuma ordena que su efigie sea labrada en Chapultepec, junto con fechas o símbolos de hechos sobresalientes. Aún se pueden observar estos glifos y fechas calendáricas al oriente del cerro junto con los restos de una forma de serpiente [8]. De igual manera se mandaron labrar las efigies de Ahuizotl, Axayáctl y Tlacaélec, hermano de Moctezuma, las cuales fueron destruidas por mandato del arzobispo de México.

La serpiente en tiempos prehispánicos representaba para los mexicas una relación directa con la naturaleza a través del agua, la tierra y sus poderes fecundadores, era la referencia obligada a sus orígenes y destinos, pues se le consideraba fuente de vida y símbolo de legitimidad y poder. Castellón [9] señala que bajo su carácter agrícola este reptil tiene un aspecto celeste, pues cuando surca el cielo viaja sobre las nubes generadoras de lluvia para germinar las plantas. Quetzalcóatl (serpiente emplumada), es el dios capaz de arrancar las ocultas riquezas del mundo subterráneo, oscuro y egoísta, principalmente el maíz, sustento de los humanos; para ello cuenta con la ayuda de sus hormigas aliadas, habitantes del inframundo que le indican el lugar donde se oculta el preciado alimento. Esto quizás explique lo que suponen una enorme serpiente localizada junto a los petroglifos, a un costado de Chapultepec, cuyo cuerpo inicia en la parte superior del cerro y con la cabeza hoy destruida por barrenos en la parte inferior de la tierra en lo que antiguamente se consideraba inframundo. Esta forma sinuosa o enroscada del cuerpo del reptil que pareciera abrazar al cerro, indicaba su habilidad para transitar entre los distintos niveles del cosmos. Dicha serpiente con plumas, también se relacionaba con el ciclo del crecimiento del maíz, cuyas hojas verdes se comparaban con las plumas del quetzal, símbolo de lo precioso y, las mazorcas se confundían con las escamas de su cuerpo, como apunta este autor.

Entender la ideología de un pueblo nos ayuda a descifrar los significados y simbolismos que tuvo este lugar en la época prehispánica, del cual sobreviven algunas de sus estructuras para contarnos la historia que tan celosamente guarda Chapultepec, pero ¿qué sucedió ahí en el transcurrir del tiempo con la conquista española? Cortés se apropió del sitio, posteriormente, en 1530 Carlos V mediante una cédula real resuelve que el bosque perteneciera a la ciudad de México para que la siguiera abasteciendo de agua y funcionara como sitio de recreo para los habitantes de la capital. El virrey don Luis de Velasco lo vuelve coto de caza para lo cual mandó levantar una muralla so pretexto de proteger el vital líquido. Tras practicar la cacería matinal, el virrey e invitados disfrutaban de corridas de toros, seguidas de banquetes, mientras en la cima del cerro se edificaba una ermita dedicada a San Miguel Arcángel. El bosque es resguardado con una arquería de columnas corintias y la portada es engalanada con un remate del escudo de armas de la urbe [10]. ¿Podemos explicarnos ahora la manipulación del paisaje y lo que representa un lugar con su arquitectura a cielo abierto culturalmente hablando? Sobra mencionar los grandes abismos que representaba la naturaleza como espacio sagrado o lugar de placer entre los pueblos mesoamericanos y los tiempos novohispanos, donde esta invasión cultural se manifestó en este tipo de arquitectura de paisaje.

Como es de suponerse, durante el periodo virreinal, con la evangelización, los espacios religiosos se construyeron sobre antiguos templos prehispánicos, así sucedió en Chapultepec tras la posterior destrucción del adoratorio orientado hacia la salida del sol. La capilla franciscana ubicada en la cima y dedicada a San Miguel Arcángel, presentaba su entrada hacia el oriente al igual que el adoratorio que le precedía, con una planta arquitectónica de base circular construida por el Arq. Claudio de Arciniega a mediados del siglo XVI. Posteriormente fue modificada hasta que adquirió la forma rectangular con dirección al poniente y que persistió hasta el siglo XVIII, donde ahora se localiza la torre del Caballero Alto del actual castillo.

Durante esta época colonial, entre 1620 y 1790, refiere Ruiz Naufal y Cano, se construye el acueducto de Chapultepec y, en 1784, el virrey Matías de Gálvez manda construir en la cima el Alcázar con un jardín de estilo neoclásico, cuya obra es continuada por su hijo don Bernardo de Gálvez quien no logra verla concluida debido a su misterioso deceso en 1786. Bajo el nuevo gobierno de don Manuel Antonio Flores, se suspende la obra por órdenes de Carlos IV y se subasta junto con el bosque. Al no ser adquirido por nadie, el Ayuntamiento de la ciudad de México conserva la propiedad por encontrarse en ella los manantiales que surtían a la capital. El edificio se transforma entonces en hospital por las epidemias ocurridas en aquel entonces y más tarde es el archivo general del virreinato, el cual es abandonado y saqueado. Los reflejos novohispanos de este bosque hecho jardín de Chapultepec fueron plasmados en las casas de descanso de muchos nobles, ubicadas en San Cosme, Tacubaya, Mixcoac, Coyoacán, San Ángel y San Agustín de las Cuevas en Tlalpan, en los cuales a través del cultivo de sus jardines se recreaban la naturaleza del bosque.

La naturaleza subyugada por la mano del hombre fue aprovechada en este bosque en la época colonial, sin embargo, sobrevivió en la memoria colectiva que ésta podía proporcionar recursos vitales para la vida como es el agua y el goce de la misma, de este modo, Chapultepec brindó una envoltura para esa villa campestre internada en el bosque y alejada del bullicio de la capital, además fue una fuente de inspiración como un lugar modelo que se retomaba bajo otras interpretaciones en los conventos y palacios novohispanos.

En el siglo XIX este lugar sigue transformándose y en 1842 se instala dentro del castillo, el Colegio Militar, el cual es defendido en 1847 por los Niños Héroes ante la invasión norteamericana, siendo quizás éste, uno de los acontecimientos más asociados con este bosque por los mexicanos y a los cuales se dedica un monumento dentro del mismo. La gran ventaja que ofrece, militarmente hablando, es el dominio visual sobre la gran urbe al funcionar como estrategia defensiva por su ubicación en la cima del cerro.

En un periodo de imperialismo, en 1864, Maximiliano de Habsburgo y su esposa Carlota, eligen el castillo como residencia, para lo cual hacen modificaciones en las habitaciones, accesos, corredores, jardines e instalaciones hidráulicas [11]. Este emperador, educado en la cultura de los jardines europeos, trajo jardineros y arquitectos de Austria y Trieste para el arreglo de los jardines de la terraza superior del Alcázar, en los cuales se introducen palmeras Thrinax, bugambilias, thuyas, higueras y grevileas entre otras especies.

También es trazado, bajo sus órdenes, el Paseo del Emperador para unir el Palacio Nacional y Chapultepec que a partir de 1872 recibe el nombre que conserva hasta la fecha de Paseo de la Reforma [12] y que en términos paisajísticos pudiéramos llamar boulevard o bulevar, es decir, paseos públicos con árboles en ambos lados o calles anchas arboladas. Esto es evidencia de otro momento histórico y de otras influencias en la cultura nacional, pues se incorpora este cerro que representa un fragmento de la naturaleza a la ciudad, pero también se busca una continuidad visual mediante esta liga de espacios verdes dentro de una estructura urbana Bajo el régimen de Porfirio Díaz se convierte en su residencia oficial, transformando el inmueble y sus jardines en un lugar de completo solaz. Imitando el Bosque de Bolonia en París e influenciado por jardineros belgas, el jardín de la terraza superior del Alcázar adquirió la fisonomía de un pequeño bosque aéreo, al cual se le agregaron prados y diversidad de plantas como los rosales. Posteriormente, en 1878 se construye el Observatorio Astronómico, Meteorológico y Magnético, realizando algunas adecuaciones al castillo y colocando además una torre de 9 metros de altura con un telescopio para realizar las observaciones astronómicas, pero en 1883 se ordenó su traslado, hoy es el torreón o torre del Caballero Alto. Posteriormente regresó el Colegio Militar por segunda vez a Chapultepec construyendo nuevas instalaciones que después fueron demolidas.

A finales del siglo XIX y principios del XX, el ministro de Hacienda José Yves Limantour crea una comisión para la vigilancia y embellecimiento de Chapultepec. Aconsejado por Miguel Ángel de Quevedo, fundador de la sociedad forestal mexicana, regidor de obras públicas y jefe del departamento de Bosques, de aquel entonces, se intenta semejar el bosque parisino de Bolonia, visitado previamente por él, pero también se retoman elementos del Parque María Luisa en Sevilla España, como la fuente de las ranas [13] y tal vez las esculturas de leones que flanquean las puertas de acceso al bosque. Se coloca un enrejado, se trazan calzadas, se siembran más árboles y prados, se colocan ruinas simuladas y estatuas traídas de Francia, Bélgica y Suiza, se levanta un jardín botánico y un zoológico, se abren quiscos para venta de alimentos y se excava un lago artificial con una casa anexa, actualmente conocida como la Casa del Lago, para alojar a los visitantes oficiales como finca de verano, que más tarde fue la sede del Automóvil Club. En el lago se crean dos islotes que se unen con tierra firme colocando pequeños puentes colgantes. En el ocaso del porfiriato, en 1910, Limantour supervisaba las mejoras de Chapultepec que se inaugurarían para el centenario de la Independencia [14].

El concepto de bosque en esta época estuvo fuertemente influenciado por las escuelas europeas de paisaje, en especial por la francesa, donde ya no es una naturaleza intocable en estado silvestre, alejada de la civilización, sino que ahora es asequible y disfrutable, pues también se puede adecuar a las necesidades de fruición, es decir de goce y de recreación de una sociedad. El agua, la fauna y la vegetación ahora son introducidas en una arquitectura de paisaje para el recreo y disfrute, a diferencia del carácter ritual, sagrado y con fines terapéuticos, que acompañaba al jardín de placer de la época prehispánica.

Para el siglo XX Chapultepec fue adaptando su fisonomía a las necesidades de la población. Se enfrentaba a una sociedad que empezaba a vislumbrar a la naturaleza como un lugar de estudio y aprendizaje, el cual era necesario conservar para la sustentabilidad de la ciudad. Muestra patente fue la sustitución del café-restaurante Chapultepec en 1939 por el museo de la Flora y la Fauna, donde actualmente se encuentra el museo de Arte Moderno, además de la instalación del zoológico y un jardín botánico que después desapareció según informes de Tovar y Alcántara. Adicionalmente el país pasaba por un período post-revolucionario donde se quería reforzar la identidad nacional, es por esta razón que aquí se construye en 1924 el monumento a la patria y el castillo se convierte en 1944 en el Museo Nacional de Historia. En 1956 se edifica la Fuente Monumental de Nezahualcóyotl como parte de las nuevas estructuras del parque.

El zoológico se consolida con el tiempo, no así la estructura verde del bosque que empieza a deteriorarse a mediados de ese siglo, en gran medida por la polución que generaba la ciudad, además de la fuerte carga de visitantes que recibe, pues se convierte en una isla verde que purifica el aire, brinda cultura a través de la instalación de varios museos y además proporciona esparcimiento como parque urbano con instalaciones de juegos mecánicos, en una segunda sección inaugurada en 1962 para este fin. En los años setenta se construyó una tercera sección que ampliaba esas áreas de jardines y se crea el parque Marino Atlantis, este posiblemente influenciado por los conceptos del paisajismo norteamericano. En las postrimerías del siglo XX, Chapultepec empieza a ser considerado un "pulmón verde" de la metrópoli mexicana, razón por la cual se comienza la remodelación del zoológico, además de la readecuación y saneamiento de sus áreas verdes, obras que también pertenecen al campo de la arquitectura de paisaje.

En los albores del siglo XXI, se retoma uno de los recursos que ofrece la arquitectura de paisaje para la educación ambiental, en este caso hacemos referencia al jardín botánico instalado en una de las secciones más importantes del bosque, aumentando así la infraestructura del parque más visitado a escala metropolitana. El acercamiento que brinda esta naturaleza hecha bajo el artificio humano, es la nueva mirada del paisaje como recurso recreativo, educativo y ambiental que se reconstruye en el imaginario colectivo como un "mundo aparte", cuya envoltura sigue siendo ahora un bosque urbano, puesto que ha perdido gran parte de su flora nativa, sustituida ahora por vegetación introducida en ocasiones ajena a las condiciones ambientales de la Cuenca de México.

El lugar es posesión, la cual se manifiesta a través de un territorio ocupado, vistas panorámicas, puntos focales, ventajas del emplazamiento, espacios definidores, cambios de nivel, un aquí y un allí, entre otros componentes del paisaje urbano [15]. ¿Cómo sucede esto actualmente en Chapultepec? La sombra, el cobijo, la amenidad y la conveniencia que brinda el bosque emplazado en este lomerío, son las causas más comunes de posesión. Se auxilia con los accesorios comprendidos en el enlosado de diversos materiales, los cercados, los toldos o techumbres, las pérgolas, los enclaves o interiores abiertos al exterior a manera de remansos y otros elementos que aparecen dispuestos en toda la estructura del parque, que invitan a una posesión en movimiento mediante los paseos.

La ocupación territorial es evidente a través de los vestigios que aún se observan al interior del bosque, con ventajas como la provisión de agua y de recursos naturales, así como el dominio visual y aislamiento territorial al emplazarse en un lomerío. Los cambios de nivel que produce el ascenso al cerro, implica subir a lo desconocido, pero también invita a descubrir el sitio mediante secuencias visuales de vistas tamizadas por el follaje junto con la roca labrada o expuesta naturalmente, creando al mismo tiempo visuales abiertas y cerradas. Una impresión de mando, superioridad, exterioridad o hasta de poderío y omnipresencia, en palabras de Cullen, se produce por la vista grandiosa que se aprecia en la cima desde el Alcázar, incitando a la posesión de la ciudad de México a través de una mirada desde esa vista panorámica. Por el contrario, el descenso, provoca la sensación de intimidad, de inferioridad ante la altura e inmensidad de esta formación natural y hasta de enclaustramiento en el bosque. El aquí, es el bosque que recorremos por todas las estructuras arquitectónicas que contiene, mientras que el allí, es la cualidad lírica de las visuales en el sentido de que lo que observamos, pudiera estar fuera de nuestro alcance, como esa vista desde el lago hacia el castillo o la Casa del Lago, así como también la vista panorámica hacia la capital mexicana.

Chapultepec ha sido ocupado durante prácticamente todos los períodos de la vida de México. Octavio Paz menciona que la arquitectura es el testigo insobornable de la historia, ¿Chapultepec no lo es acaso? En este bosque se reconocen y expresan las intenciones, las costumbres y la cultura de la sociedad mexicana durante varias épocas. Inclusive, podría ser, en todo caso, una muestra palpable de los orígenes y evolución de la arquitectura de paisaje en México. Este lugar, representa ese libro de la humanidad, escrito y narrado con el lenguaje de la arquitectura de paisaje mexicana. Para algunos autores como Cano es considerado un símbolo nacional, sin embargo, sólo quisiera dejar constancia de su evidencia como "el lugar", proporcionando a su vez una noción de este tipo de arquitectura.

Notas

1. Ferrater, "Diccionario de Filosofía", Barcelona: Ariel, 1941.
2. Muntañola, "La Arquitectura como lugar", Barcelona: Gustavo Gili, 1974, pp. 25,34 y 47.
3. Cano, O., "El bosque de Chapultepec", México: Arqueología Mexicana, Vol. X, 57, 2002, pp. 70-77.
4. Moreno C., "El castillo de Chapultepec, arqueología e historia", México: Arqueología Mexicana, Vol. VIII, 46, 2000, pp. 26-33.
5. Campos, R., "Chapultepec: su leyenda y su historia", México: Departamento del Distrito Federal, 1988, pp. 16-22.
6. Solís O., "Chapultepec, espacio ritual secular de los Tlatoani Aztecas", México: Arqueología Mexicana, Vol. X, 57, 2002, pp. 36-40.
7. Cortés, H., "Cartas de relación", México: Porrúa, 1988, pp. 67-68.
8. Moreno, M.L y Torres, M.A., "El origen del jardín Mexica de Chapultepec", México: Arqueología Mexicana, Vol. X, 57, 2002, p. 41.
9. Castellón, B. "Cúmulo de símbolos: la serpiente emplumada", México: Arqueología Mexicana, Vol. IX, 53, 2002, pp. 28-35.
10. Ruiz N., "Los jardines de Chapultepec y sus reflejos novohispanos", México: Arqueología Mexicana, Vol. X, 57, 2002, pp. 42-47.
11. Herrasti, L. "El castillo de Chapultepec", México: Arqueología Mexicana, Vol. VIII, 46, 2002, pp. 24-25.
12. Gómez T., "Los jardines de Chapultepec en el siglo XIX", México: Arqueología Mexicana, Vol. X, 57, 2002, pp. 48-53.
13. Tovar, L., y Alcántara O., "Los jardines en el siglo XX, el viejo bosque de Chapultepec", México: Arqueología Mexicana, Vol. X, 57, 2002, pp. 56-61.
14. Fernández, M.A. "El jardín de Limantour", México: Arqueología Mexicana, Vol. X, 57, 2002, pp. 54-55.
15. Cullen, G. "El paisaje urbano. Tratado de estética urbanística", Barcelona: Blume, 1981, pp. 21 y 41

Bibliografía

Campos, R., "Chapultepec: su leyenda y su historia", México: Departamento del Distrito Federal, 1988.

Cano, O., "El bosque de Chapultepec", México: Arqueología Mexicana, Vol. X, 57, 2002.

Castellón, B. "Cúmulo de símbolos: la serpiente emplumada", México: Arqueología Mexicana, Vol. IX, 53, 2002.

Cortés, H., "Cartas de relación", México: Porrúa, 1988.

Cullen, G. "El paisaje urbano. Tratado de estética urbanística", Barcelona: Blume, 1981.

Fernández, M.A. "El jardín de Limantour", México: Arqueología Mexicana, Vol. X, 57, 2002.

Ferrater, "Diccionario de Filosofía", Barcelona: Ariel, 1941.

Gómez T., "Los jardines de Chapultepec en el siglo XIX", México: Arqueología Mexicana, Vol. X, 57, 2002.

Herrasti, L. "El castillo de Chapultepec", México: Arqueología Mexicana, Vol. VIII, 46, 2002.

Moreno C., "El castillo de Chapultepec, arqueología e historia", México: Arqueología Mexicana, Vol. VIII, 46, 2000.

Moreno, M.L y Torres, M.A., "El origen del jardín Mexica de Chapultepec", México: Arqueología Mexicana, Vol. X, 57, 2002.

Muntañola, "La Arquitectura como lugar", Barcelona: Gustavo Gili, 1974.

Ruiz N., "Los jardines de Chapultepec y sus reflejos novohispanos", México: Arqueología Mexicana, Vol. X, 57, 2002.

Solís O., "Chapultepec, espacio ritual secular de los Tlatoani Aztecas", México: Arqueología Mexicana, Vol. X, 57, 2002.

Tovar, L., y Alcántara O., "Los jardines en el siglo XX, el viejo bosque de Chapultepec", México: Arqueología Mexicana, Vol. X, 57, 2002.

Tierra vertida
Una descripción global

EDGARDO JONATHAN SUÁREZ DOMÍNGUEZ,
YOLANDA GUADALUPE ARANDA JIMÉNEZ Y RUBÉN
SALVADOR ROUX GUTIÉRREZ

Resumen

Se denomina arquitectura de tierra a las construcciones urbanas, domésticas y monumentales que utilizan la tierra cruda como elemento principal en sus diversas posibilidades (Chiappero y Supisiche, 2006).

Debido a sus características, la tierra puede ser una opción viable y económica para cierto sectores de la población (Vasilos, M. et al, 2008) además puede ser utilizado en diversas formas (Morris, H. et al, 2010) con notables diferencias con respecto a otros materiales en cuanto a la transferencia de calor (Hall y Allison, 2010). Existen distintos tipos de sistemas constructivos como el de la tierra apisonada (tapial), el adobe y la tierra vertida (Hall, 2004; Hadjiri, et al, 2007; Revuelta, 2010). Simultáneamente, puede dividirse la construcción con tierra en tres grandes ramas divididas en sistemas monolíticos (en donde encontramos la tierra vertida), mampostería y sistemas mixtos (con estructuras de tierra) (Hall y Allison, 2004; Doat, et al, 1991).

La poca normatividad referente a la construcción con tierra así como variación de los suelos impide que los estudios, resultados y las propiedades determinadas en algunas regiones no puedan ser extendidos a tierras para la construcción por lo que ésta es un área potencial de desarrollo en la arquitectura de tierra. El presente trabajo presenta un estado del arte global sobre la arquitectura de tierra, enfocándose principalmente a la tierra vertida y el estudio de sus propiedades, ofreciendo un panorama global de oportunidades de estudio en esta área.

Generalidades

El empleo de la tierra como material de construcción es un método antiguo poco utilizado en la arquitectura moderna. Actualmente, se emplean hormigón armado, metal y muchos otros materiales convencionales, para la construcción (Sargentis, 2009). Paradójicamente, la tierra es un material económico de construcción, las materias primas son fácilmente accesibles. La construcción con tierra utiliza un material que puede ser producido a partir de la misma tierra excavada de la obra o terrenos circundantes a donde se lleva a cabo la edificación, lo cual disminuye el transporte de material y por lo tanto su costo; es amigable con el medio ambiente y en los últimos tiempos el interés se ha incrementado debido a su comprobada durabilidad con el número de construcciones antiguas de tierra que permanecen en pie después de milenios. Las construcciones sostenibles se logran utilizando fuentes naturales de tal forma que cumplan las necesidades económicas, sociales y culturales, sin agotar o degradar estos recursos (Revuelta-Acosta, 2010).

Se han realizado algunas comparaciones entre construcción convencional y con tierra en cuanto a los aspectos técnicos y ambientales. Algunos modelos de las construcciones propuestas (de escala 1:20) han concluido que las construcciones de tierra dan la oportunidad a la gente de construir sus casas de una forma ecológica y económica, siendo posible aplicar estos métodos de construcción en ciudades orgánicas las cuales podrían ser fácilmente construidas, recicladas y transformadas si es necesario (Sargentis, 2009). De esta manera, las construcciones modernas de tierra se consideran rentables y pueden ser utilizadas para construir casi todos los estilos imaginables como cobertizos, tiendas, estudios, viviendas, edificio, iglesias, etc. Actualmente, este tipo de construcción antigua está presentando gran popularidad; teniendo ahora mayor conciencia del consumo de energía necesaria para producir los materiales de construcción (Dobson, 2000).

Mattew Hall, (2003) proponen un nuevo enfoque para el proceso de mezclado de material de cantera para la creación de muestras de tierra compactada, a través de un proceso de clasificación de la mezcla. Las muestras obtenidas de tierra compactada son altamente consistentes y reproducibles, lo que permite el correcto control de parámetros tales como la distribución de tamaño de partícula. Al elaborar la muestra de tierra compactada, el nivel de energía usada para la compactación puede ser variable dependiendo del tipo de suelo. Esta técnica permite la producción de paredes de tierra comprimida en el sitio y satisface los rigurosos estándares de construcción de Nueva Zelanda, la NZS 4298: 1998 y los estándares para la compactación de otros países, como por ejemplo Brasil.

Se emplea tierra compactada para las nuevas construcciones, la cual actúa como material de soporte de carga estructural. La versatilidad de las nuevas estructuras de tierra permite tener una amplia gama de texturas de la superficie y de las formas arquitectónicas; también se adapta a las condiciones topográficas y de variedad de suelos. Características tales como la resistencia térmica y valores aislantes de sonido aumentan el atractivo de la construcción con tierra. El futuro para las nuevas construcciones de tierra se ve prometedor, con ciertos países promoviendo iniciativas para fomentar estos procedimientos constructivos (Dobson, 2000).

Chandramohan, (2011) menciona que los últimos 30 años los materiales compuestos, plásticos y cerámicas han sido los materiales emergentes dominantes; su número de aplicaciones ha ido en aumento de manera constante, penetrante y conquistando nuevos mercados sin descanso, constituyendo una proporción significativa del mercado de materiales de ingeniería que van desde productos de uso diario a sofisticadas aplicaciones específicas. Por esta razón es necesario buscar que los elementos de tierra se produzcan, de manera similar, a partir de métodos económicamente rentables y atractivos.

Los costos de producción de un sistema constructivo, se encuentran relacionados con el sistema constructivo utilizado. Existen métodos en donde la tierra es utilizada mezclada con fibras orgánicas (adobe) o comprimidos (bloques de tierra comprimidos) a los cuales pueden añadírsele compuestos estabilizantes orgánicos o minerales. Existe un procedimiento constructivo conocido como tierra vertida que es el que compete a este trabajo, la cual se define a continuación.

2. Definición de tierra vertida

La tierra vertida es un término reciente, se refiere a una mezcla dosificada de gravilla, arenas y limos, aglomerados por la arcilla. Se dice que es "estabilizada" cuando se le añade un compuestos (cal, por ejemplo) que mejora las cualidades del material (como la resistencia) (Doat, Hays, et al, 1990). La tierra vertida también es considerada un suelo en forma de lodo líquido, pero conteniendo agregados arenosos, incluso hasta el punto de grava y puede desempeñar la misma función que el concreto magro (Houben y Guillaud, 2005).

3. Antecedentes históricos con tierra vertida.

En los 70´s se construyeron tres casas en Zeralda, Algeria a partir de técnicas con tierra. Se construyeron muros de hasta 40cm de espesor. La tierra de fluidizó de tal manera que podía vertirse en moldes preparados. El producto se estabilizó inicialmente con cal, pero posteriormente se sustituyó por cemento (Doat, 1985). En la década de 1980 en Mayotte una región al sureste de África, fue llevado a cabo el mayor programa de constricción económica en tierra conocido en el mundo de hoy, se construyeron 5000 casas, usando únicamente materiales locales. También a finales de la misma década en África se desarrolló un programa para la construcción de escuelas experimentales en tierra, construyendo un total de 2000 aulas.

En Brasil la tierra tuvo su uso generalizado hasta el siglo XIX - XVIII, con mayor énfasis en los lugares donde no había muchas piedras. Por ejemplo, las paredes del Salvador, la casa Fuerte construido por Caramuru en 1540. En 1943 se construyeron casas a partir de tierra fluidizada en forma de lodo en ciudades localizadas en Brasil (Doat, 1985) así como el hospital que anteriormente existía en el lugar de Hospital St. Elizabeth; hoy en día los estados donde más abunda el uso de construcción con tierra son Sao Paolo y Goiás.

Sánchez Hernández y otros autores, en el 2010 caracterizaron materiales antiguos de construcción en tres diferentes iglesias. Después de realizar una toma de muestras y analizar composicional y textualmente, se observó que las muestras de tierra apisonada en una construcción antigua son muy similares entre sí por lo que las antiguas construcciones a pesar de ser grandes presentan homogeneidad en su composición.

Kumar (2002) reporta una descripción actual de las típicas construcciones rurales encontrada a través de toda la India donde el principal sistema de carga consta de paredes de barro, que llevan la carga sobre el techo. Generalmente, estas estructuras han sido reforzadas con madera utilizándola en forma de pequeñas columnas amarradas con los muros.

4. Propiedades de la construcción con tierra vertida.

4.1. Experimentos con rugosidad y superficies.

Se han realizado estudios con caracterización de la rugosidad superficial de agregados naturales, de amplia aplicación en la industria de la construcción. Aplicándose técnicas experimentales basadas en análisis de imágenes, modelos teóricos y el análisis de lacunaridad, método de análisis derivado de la geometría fractal, debiendo tener mucho cuidado en la determinación de este parámetro, dado que existe en un rango limitado de órdenes de magnitud, por lo que patrones con la misma dimensión fractal pueden tener diferentes texturas. El análisis de lacunaridad permite determinar variaciones de la estructura espacial aun para patrones con dependencia espacial; los resultados muestran que a valores altos de lacunaridad las superficies presentan vacíos con diversos tamaños y a valores bajos de lacunaridad las superficies presentan vacíos de tamaño uniforme (Vargas, W. et al, 2006).

En cuanto a las superficies, Aranda, Y. y colaboradores desde el 2009 desarrollan investigación en el estado de Tamaulipas enfocándose en las características físicas y químicas de elementos verticales a base de tierra vertida estabilizadas con cemento y estructuras similares de concreto magro, encontrando diferencias significativas en cuanto la porosidad que podría verse reflejado en el incremento de absorción de agua, que se encuentra en detrimento de la resistencia a la compactación.

4.2. Térmica

Se ha encontrado que las estructuras de barro reforzado cumplen con la resistencia a la compresión y los requisitos de conductividad térmica. El empleo de piedra pómez basáltica disminuye su coeficiente de conductividad térmica y esta variación muestra una tendencia similar a su variación de densidad; por lo tanto usar ladrillos con bajas densidades evitará la perdida de energía de los edificios (Hanifi, et al, 2005).

Djelfa-Algeria y Salim-Guebboub (2011) presentan un estudio experimental bajo la hipótesis de que las propiedades físicas y estructurales del material utilizado en la construcción con tierra ha permitido una durabilidad de los edificios durante milenios. Sin embargo, el suelo en bruto se deteriora debido al efecto de los factores atmosféricos. Existe una relación entre los minerales, su estructura, y la durabilidad del material. Por otro lado, la circulación de agua en los poros es la responsable del fenómeno de cristalización y compactación de la resina de tierra y la pérdida de masa de los elementos a base de tierra y se relaciona con el incremento de la capilaridad.

Como se ha dicho, las estructuras de tierra tienen una baja conductividad térmica por lo que ofrece un comportamiento más estable de la temperatura en el interior de una edificación y reduce las pérdidas de calor; y una alta capacidad calorífica que permite la estabilidad térmica de la construcción respecto a la de concreto. Se ha propuesto la dinámica de fluidos computacional como una nueva herramienta para estudiar el comportamiento térmico de la construcción de adobe, así como también el contenido de humedad en el adobe y CFD como técnicas para adquirir conocimientos fundamentales sobre el comportamiento térmico de la construcción con tierra (Revuelta-Acosta, 2010).

4.3. Estudios de resistencia mecánica

Caballero, (2010) intentó incrementar la resistencia a flexión y a compresión de elementos obtenidos por la técnica de terrón compactado añadiéndole bagazo de agave. Para realizar las pruebas, se emplearon adobes compactados hechos con suelo sin fibra con una resistencia a flexión inicial de 0.56 MPa y a compresión de 6.85 MPa. Incorporándoles después fibra con longitudes de 10, 15, 20 y 25 mm, con concentraciones de 0.25, 0.50, 0.75 y 1 % peso, manteniéndose constante el porcentaje de humedad. Obteniéndose que los incrementos más altos fueron al utilizar una longitud de fibra de 25 mm y una concentración de 0.75 % peso, ya que a mayor longitud de fibra el refuerzo que proporciona es más efectivo. La resistencia a flexión final fue de 0.604 MPa, representando un incremento del 7.86 % y la resistencia a compresión final fue de 8.512 MPa, representando un incremento del 24.12%.

Hugh Morris en el 2010 realizó un análisis de los daños estructurales sufridos en las construcciones con paredes de tierra en la zona de Canterbury, después de pasar el terremoto de Darfield. Se inspeccionaron un total de quince construcciones con paredes de tierra, tanto antiguas como recientemente construidas. Las construcciones de tierra reforzadas construidas en la década de los noventas tuvieron un buen desempeño, proporcionando los esfuerzos generales a las paredes y los detalles de refuerzo y conexiones estuvieron de acuerdo a las normas de construcción de Nueva Zelanda. Las construcciones antiguas sin refuerzo construidas antes de 1930 (o edificios históricos reconstruidos) sufrieron daños estructurales significativos y requerirán su reconstrucción. Presentándose menores daños estructurales en las construcciones y reforzamientos que cumplen con las normas de estandarización internacionales.

Maniatidis (2008) menciona que los tapiales recientemente han sido utilizados cada vez más junto con otros métodos de construcción en una gran variedad de edificios contemporáneos alrededor del mundo. En su trabajo se presentan los resultados experimentales de ensayo de materiales en gran escala y se desarrolla un modelo teórico simple, aplicado a la tierra compactada en columnas sujetas a concéntrica y excéntrica carga de compresión axial. En el modelo analítico se usa una teoría básica de punta que muestra una correlación favorable con los resultados experimentales para todas las excentricidades de carga.

Lenci (2011) estudiaron los parámetros elásticos y las propiedades de resistencia, su dependencia en relación a este aspecto y otras características de los materiales como resistencia al daño y a las fracturas; para una composición particular de tierra seca sin cocer se encontró que la añadidura de fibras orgánica impacta enormemente en la resistencia de los bloques, principalmente si éstas son alargadas.

Lenci (2012) continuó estudiando los procesos de resistencia y fractura, apoyado por algunas simulaciones numéricas. Al realizar las correcciones en este modelo al estrés crítico, diferentes factores han sido reportados como el mejoramiento de material de acuerdo a sus componentes, previendo un mejor entendimiento del conjunto del proceso de fractura. Kouzkou, C.H. menciona que los resultados en cuanto a la resistencia a la compresión de muros de tierra depende en gran medida del molde utilizado y el agua añadida mientras que Gentil Elenga, R. observó mejores resultados añadiendo estabilizantes y refuerzos externos.

Hall (2010) estudiaron tres tipos de muestra de tierra estable compactada (SRE) analizadas en una cámara de simulación climática a diferentes temperaturas y diferentes porcentaje de humedad relativa. Los datos numéricos modelados por el WUFI Pro v4.1 han sido validados con un buen nivel de precisión contra los datos físicos experimentales que se obtuvieron de la cámara de simulación climática. Este modelo puede validar con precisión en situaciones climáticas controladas análisis referentes a humedad y por consecuencia la viscosidad, pero no profundiza en los estudios de la resistencia. En Nuevo León se han realizado mejoras de materiales añadiendo fibras orgánicas aplicando modelos matemáticos desde el punto de vista ingenieril (Juárez Alvarado, Rodríguez López, 2004)

4.4. Estabilización

El proceso de estabilización puede ser definido como físico, físico-químico o químico. Los principales objetivos de la estabilización son el reducir el volumen de espacio entre las partículas de suelo (porosidad), rellenar espacios que no pueden ser eliminados (permeabilidad) y unir o mejorar las uniones existentes entre las partículas (fuerza mecánica).

Mejoramiento a través del incremento en la densidad

Existe una clara relación entre la densidad seca y la fuerza mecánica que se puede observar en todos los materiales. Por ejemplo las piedras más densas tienen altas resistencia mecánica, lo mismo aplica para la tierra, solo que en estos casos la densidad alcanzable es relativamente menor. Para este caso el parámetro de compactación es importante, los cuales son:

a) Fuerzas de compactación. Cualquiera que sea el tipo de tierra y el método de compactación, una mayor fuerza de compactación reduce el contenido de agua y se obtienen mayores densidades secas.

b) Composición del sólido. Una mezcla de finos y gruesos puede ser suficientemente para obtener productos compactados que son más densos que aquellos productos que son exclusivamente hechos de productos finos.

4.5. Efecto en el material estabilizante.

La mejora en la fuerza de compresión puede, dependiendo en el tratamiento del solido evolucionar diferente con los cambios en el contenido de cemento. Estas variaciones han sido observadas en muestras de la misma edad.

La estabilización de cemento reduce el impacto de la contracción durante el secado o la hinchazón cuando se moja. Una mayor proporción de cemento, no generalmente conlleva a una mayor reducción de la contracción. Por último, el cemento mejora la habilidad de los sólidos a resistir la erosión cuando estos se exponen a la lluvia. El efecto de la erosión no está directamente ligado a la fuerza mecánica.

5. Normatividad

Aunque puede haber una clasificación de acuerdo a la vulnerabilidad de elementos construidos con tierra a través de la IAEE (International Association for Earthquake Engineering) y Código IS 1893:1984 la mayoría de los casos aplican para ciertas construcciones de mampostería y considerada muy vulnerable a las fuerzas sísmicas (Kumar, 2002), pero las normatividades no se enfocan a construcción a partir de la técnica de tierra vertida.

En el mundo hay escasas normatividades para controlar productos a base de tierra. En muy pocos casos se contempla a la tierra vertida, además se encuentran muy dispersas, por lo cual en la mayoría de los países surgen problemas. J. Cid, et. al. 2010 realizaron un estudio de normas y reglamentos de diferentes países para las construcciones con tierra cruda y tierra en general, analizando el contenido de cada una. Encontrándose que la mayoría son normas de producto, siendo su campo de aplicación los procedimientos de ensayo. Estas contienen una o dos técnicas; no existe en México ninguna que abarque totalmente la construcción con tierra; en otros países sólo se destaca las de bloques de tierra comprimida, características geométricas, dimensionales, de aspectos, físico-químicas, etc. Para poder realizar el correcto análisis de las diferentes técnicas de construcción es necesario realizar una homogeneización de los ensayos que se aplican a las construcciones.

En general se ha encontrado que existen 15 países que aplican normas para elementos obtenidos a partir de tierra, de las cuales 13 contemplan la creación de estructuras monolíticas. La más completa de las trece es la neozelandesa, conformadas por las NZS 4297, NZS 4298, NZS 4299, que comprende:

Adobe

Bloque de tierra comprimido y tapial

Tierra vertida.

Además, la normatividad neozelandesa también ofrece recomendaciones para cob y adobe in-situ. En cuanto a contenido, el documento más amplio y completo es el trio neozelandes, pues comprende desde requisitos de materiales y construcción a cuestiones de diseño estructural y de durabilidad de los incisos anteriormente mencionados. El contenido de este grupo de normas es algo más reducido en cuanto a fabricación de las unidades. Otro punto importante es que da enfoques respecto al uso de estabilizantes fijando un límite de contenido.

Conclusiones

En general, se presentó una percepción global de la arquitectura de tierra, enfocándose en tierra vertida. Se encontró que aún cuando se tienen muchos ejemplos de edificaciones, antiguas principalmente y algunos desarrollos actuales en diversos países no se ha globalizado su uso. En México se presentan grandes oportunidades en cuanto al desarrollo de esta área. La normatividad en cuanto a las características vigentes del material se encuentra como un área de oportunidad de desarrollo para las instituciones en México.

Bibliografía

Aranda-Jiménez, Y.G. González-Defelice, A.A. Roux-Gutierrez, R. Espuna-Mujica, J.A. Arvizu-Sánchez, E. "Tierra Vertida. Hormigón Verde. Estudio de los materiales componentes, su dosificación, interacción y puesta en obra de dos contextos". Informe Técnico. Programa de cooperación bilateral México-Argentina, CONACYT-MINCYT, 2012.

Aranda Jimenez Y. G., Roux G. Ruben. "Factibilidad de muros de carga a base de tierra vertida, determinación de sus proporciones". Universidad Autonoma de Tamaulipas, 2010.

Binici Hanifi., Aksogan Orhan., Nuri Bodur Mehmet., etc. "Thermal Isolation and Mechanical Properties if Fibre Reinforced mud Bricks as Wall Materials", El Sevier, 2005.

Caballero C. Magdaleno., Silva S. Luis., "Resistencia Mecanica del Adobe Compactado Incrementada por Bagazo de Agave". Centro interdisciplinario de Investigación para el Desarrollo Integral Regional Unidad Oaxaca. Instituto Politécnico Nacional. 2010.

Ponce Sernicharo, G. Esquivel Hernández, M.I. Flores Arenales, R. "CESOP: Situación de vivienda en el Estado de Tamaulipas". 2005-2030. Publicación del Centro de Estudios Sociales y de Opinión Pública de la Cámara de Diputados, LX Legislatura. Documento de Trabajo, núm. 89, abril 2010.

Chandramohan. D & Marimuthu. K. "A review on natural fibers", Vol. 8, 2011.

Chiappero R. O. Supisiche M.C. "Arquitectura de tierra: breves consideraciones sobre la conservación y restauración", Argentina: Nobuko, 2006.

Cid J., Mazarrón F.R., Cañas I. "Las normativas de construcción con tierra en el mundo; Informes de la Construcción", 63, 2011.

Doat, P., Hays, A., et. Al, "Construir con Tierra". Tomo I, Bogotá: Fondo Rotario Editorial, 19990.

Espuna Mujica, J.A. García Izaguirre, J.M. Roux Gutiérrez J.S. Fuentes Pérez C.A. Aranda Jiménez Y.G. **"**La arquitectura con tierra y su variabilidad de experiencias**"**, Instituto de Arte Americano, IAA, FADU, U B A. Construcción con tierra/2. Argentina 2006.

Gentil Elenga Raymond., Mabiala Bernard., Ahouet Louis., et al, "Characterizacion of Clayey Soils from Congo and Physical Properties of Their Compressed Earth Blocks Reinforced with Post-Consumer plastic wastes". Geomaterials. 2011.

Guevara Moreno Bianca C, Juárez Alvarado Cesar A, Valdez Tamez Pedro L, Acevedo Davila Jorge L., "Participación de la mujer en un sistema sustentable de autoconstrucción asistida", Ciencia Fic. [1], 2007.

Hadjri K., Osmani M., Baiche B., Chifunda C., "Attitudes Towards Earth Building For Zambian Housing Provision, Engineering Sustainability", 160, 2007.

Hall M R, Allinson D.,"Transient Numerical And Physical Modelling Of Temperature Profile Evolution In Stabilised Rammed Earth Walls, Applied Thermal Engineering", 30, 2010.

Hall M., Djerbib Y., "Rammed Earth Sample Production: Context, Recommendations and Consistency, Construction And Building Materials", 18, 2004.

Houben, H., Guillard H. "Earth Construction. A comprehensive guide. ITDG publishing". London. Great Britain, 1994.

INEGI, 2010. Resultados de vivienda en Tamaulipas. Recuperado de: http://cuentame.inegi.org.mx/monografias/informacion/tam/poblacion/vivienda.aspx?tema=me&e=28

ITAVU. Investigación e implementación de nuevas tecnologías para la construcción de vivienda: convocatoria para apoyos económicos. Recuperado de: http://itavu.tamaulipas.gob.mx/programas-de-vivienda/investigacion-e-implementacion-de-nuevas-tecnologias-para-la-construccion-de-vivienda/

Juárez Alvarado C.A. "La ingeniería y la arquitectura ante el reto impostergable de reducir el costo ambiental de las construcciones modernas, Ingenierías", 56, 2012.

Juárez Alvarado C.A. Rodríguez L., "Uso de fibras naturales de lechuguilla como refuerzo en concreto, Ingenierías", Vol. VII 22, 2004.

Kanan, M.I. "The Mediterranean Portuguese influence in the Brazilian earth-building tradition: a valuable heritage to research, Mediterra", 1, 2009.

King, J.L. 2010. La arquitectura Vernácula del Noreste de México. "Latin American Network Information Center". University of

Texas. Recuperado de: lanic.utexas.edu/project/etext/llilas/vrp/kingvrp.pdf

Kouakou, C.H., Morel, J.C. "Strength and elasto-plastic properties of non-industrial buildingmaterials manufactured with clay as a natural binder". Appl. Clay Sci. 2009.

Krüger E. L, Dos santos. M. D. "The use of Earth as an appropriate building material in Brazilian low-cost housing", Brasil: Facultad de Arquitectura e urbanismo Curitiba, 2006.

Kumar Amit. " Rural mud house with pitched roof. World Housing Encyclopedia", 23, 2002.

Lenci Stefano., Piattoni Quintilio, "An Experimental Study on Damage Evolution of Unfired Dry Earth Under Compression", International Journal of Fracture, 2011.

Lenci Stefano., Piattoni Quintilio, et al, "A mechanical characterization of unfired dry earth: ultimate strength, damage and fracture parameters".

Lenci Stefano., Clementi Francesco., Sadowski Tomasz, "Experimental determination of the fracture properties of unfired dry earth. Engineering Fracture Mechanics", 87, 2012.

Mileto, C. Vegas, F. & Cristini, V., "Rammed Earth Conservation", Taylor & Francis Group, London, England, 2012.

Morris H., Walker R., Drupsteen T., "Observations Of The Performance Of Earth Buildings" Following The September 2010 Darfield Earthquake, Bulletin Of The New Zealand Society For Earthquake Engineering, 2010, Vol. 43, No. 4.

Quagliarini Enrico., Stazi Alessandro., Pasqualini Erio,. Fratalocchi Evelina, "Cob Construction in Italy: Some Lessons From the Past", 2010.

Revuelta J.D. et al, "Adobe As A Sustainable Material: A Thermal Performance", Journal Of Applied Sciences 2010.

Salim Guebboub Lakhdar., Hamiane Massaoud., Kadi-Hanifi Mouhyddin and Kamel Said. " Characterization of a composite material in adobe subjected to natural weathering: the case of El Hara Djelfa-Algeria". International Journal of the Physical Sciences. Vol 6(25) 2011.

Sanchez Hernández R., Suarez Barrios M. y Martin Pozas J.M. "Caracterización de materiales antiguos de construcción (tapial y adobe) en las iglesias de Cisneros, Villada y Boada de Campos

(Palencia). Materiales de contrucción. Vol. 50. No. 257, 1999.
Sargentis G-fivos., Kapsalis V.C. "Earth Building. Models, Technical Aspects", Test and Environmental Evaluation. International Conference on Environmental Science and Technology. 2009.
Vargas L. Watson., Pineda M. Lyda., Santaella Luz Elena. "Rugosidad y textura de superficies: Experimentos y simulaciones". Red de Revistas Científicas de América Latina y el Caribe, España y Portugal. Vol. 16, No 002, 2006.
Vasilios Maniatidis V., Walker P.; "Structural Capacity Of Rammed Earth In Compression"; Journal Of Materials In Civil Engineering; 2008.

142

La Paz, la ciudad de los pliegues

CARLOS VILLAGÓMEZ PAREDES

El presente texto rememora los imaginarios urbanos más vigorosos que perviven en los habitantes de la ciudad de La Paz, Bolivia y cómo, con ellos, se construye la ciudad y se apropia de ella, en una práctica social compleja que es inequívocamente el reflejo de un contexto muy particular por su orden social, pluricultural y multilingüe, y por el particular encierro topográfico que tiene este valle andino.

I

Debemos comenzar destacando para esta singular ciudad de los Andes americanos, las dos características sobresalientes que le dan a su identidad urbana el "espíritu del lugar" o como decimos en idioma aymará su ajayu [2]. La primera de ellas y quizás la referencia más entrañable de los habitantes de La Paz es su sitio natural que, a diferencia de todas las ciudades de la región, tiene en su topografía y su sobrecogedora altitud (de 4000 a 3200 metros sobre el nivel del mar) sus cualidades naturales más distintivas. Todo paceño está orgulloso de su entorno montaraz y de su adaptación milenaria a la altura altiplánica. "Techo del mundo", "la capital más alta del mundo", "nido de cóndores" y otros, son algunas de las expresiones de un imaginario colectivo orgulloso de la topografía urbana más elevada y compleja de América. Esta topografía, de impacto visual inmediato por la proximidad de las serranías y la cordillera, es una hermosa escenografía natural que presenta innumerables pliegues que otorgan al tejido urbano un particular desarrollo por adecuación intuitiva, que fue llevado por una audaz tarea colectiva. Este sitio natural, motivo de inspiración constante de los poetas y músicos paceños, es además delineado por una atmósfera límpida y seca que hace resaltar los pliegues de La Paz con claroscuros nítidos y recortados que son visibles desde todo punto de vista del recorrido urbano.

En La Paz miramos, sin la bruma costera, a varios kilómetros de distancia con una envidiable nitidez porque estamos, según el orgulloso dicho popular, en "el cielo más puro de América". Y esta persistente claridad que nos rodea debe ser el origen de nuestra relación con las montañas, que será siempre un ritual cotidiano porque sentimos a los achachilas [3] muy próximos a nuestro cuerpo. Un tozudo apego a la ritualidad precolombina nos hace ver a nuestras montañas como parte de una espiritualidad que reúne a los paceños cada mes de agosto en los sitios más altos para ofrendar lo bueno y lo malo o para consagrar nuestras obras y bienes a la siempre exigente e insatisfecha Pachamama (3). Esta ritualidad es una práctica colectiva donde los humos se elevan sin cesar desde tiempos remotos y es, desde entonces, la retribución de los mortales a su sitio y a su magnificencia cósmica.

Esta práctica social, que la ejercemos en todos los estamentos sociales, está llevada por una compleja simbiosis entre las creencias ancestrales con el culto invasor cristiano; de ahí que, cada altura de este soberbio valle andino se convierte en un altar natural donde se conjugan la religiosidad de las tradiciones ibéricas, impuestas a sangre y fuego, con la supervivencia de mitos y tradiciones prehispánicos. Las apachetas [4], son los hitos ubicados en las cimas del paisaje y en las profundidades de nuestra interioridad, expresan ese complejo y enriquecedor intercambio con lo inefable. Y es ahí, donde se reúnen los símbolos de nuestras dos vertientes: la piedra y la cruz que siempre llevamos dentro y es en esas apachetas donde expresamos, como signos pétreos, las diversas territorialidades de nuestro espíritu.

Para los paceños el símbolo de esta ciudad es la montaña Illimani que, con sus 6322 metros de altitud, está siempre presente y nos protege desde tiempos remotos. Por ello, el llamado "centinela mayor" fue y es motivo de inspiración para nuestros artistas y poetas. De todos ellos, Arturo Borda, pintor y poeta, fue quién rindió la mayor de las pleitesías y convirtió al Illimani en su tema recurrente y obsesivo. Durante la primera mitad del siglo XX Borda [5] realizó múltiples y evocadoras pinturas que muestran la potencia del macizo y sus insondables pliegues. El vocablo aymará Illimani quiere decir "El resplandeciente" y cuenta la leyenda que en los comienzos de los tiempos hubo una pugna entre las grandes montañas de este valle andino, el Illimani y el Mururata, que representaban a la modestia y a la soberbia respectivamente. Esta lucha de titanes se zanjó cuando el Illimani descabezó al Mururata lanzándole con una honda una piedra de oro. La cabeza del Mururata fue a dar al sitio donde ahora se yergue el imponente Sajama (6542 metros de altitud) [6].

Organismos vivientes capaces de rivalizar o espíritus protectores capaces de pervivir, las montañas siempre nos plegaron las superficies de nuestro imaginario en una topografía, no sólo natural, sino mística y espiritual. Rodeados y limitados por este bello encierro pétreo, los paceños somos, como habitantes de la montaña, ariscos y recelosos de todo lo que está más allá de esos límites cordilleranos. Por esta naturaleza avasalladora y la relación anímica del poblador andino con ella, se establece una particular manera de ser, una especial identidad que entre jubilosa y dramática, construye imaginarios densos y cautelosos.

II

La segunda característica que da a La Paz una particularidad propia es la constatación de ser la ciudad más indígena de toda la región americana. El rostro aymará y mestizo es una presencia constante en todos los barrios paceños. De acuerdo a las estadísticas [7] un 45% de la población urbana de La Paz es indígena que proviene de las masivas migraciones del altiplano boliviano que se dan desde mediados del siglo XX y casi un 53% es mestiza, pero con profundos rasgos indígenas. Aquí en La Paz, el porcentaje de razas europeas o de origen americano es muy bajo, menos del 3%. El rostro y el hablar de los paceños son de una cromática y una tonalidad muy propias que tienden más a lo ancestral que a lo europeizante y esto se consolidada por las condiciones del encierro voluntario que nos inflingimos, seducidos por la belleza de nuestras montañas en un embrujo que persiste inalterable por muchos siglos. Desde la caída de la Corona española en el siglo XIX, aquí no primó el intercambio abierto y receptivo a otras razas, aquí nos enclaustramos voluntariamente y nos ocultamos en los pliegues naturales de este paisaje.

Por ello, el rostro urbano tal como lo conocieron nuestros antepasados, pervive a pesar de los intentos de modernización social y política que se dieron a partir de mediados del siglo XX. En ese entonces, los intentos de la elite mestiza gobernante por proyectar otra realidad de la nación boliviana al mundo exterior, fueron trastocados por una masiva inmigración del campo a la ciudad que exacerbó la presencia aymará en La Paz y acentúo el sentido étnico de este lugar. A partir de la revolución nacionalista del año 1952 que llevó al poder a una clase política progresista, se implementaron medidas que transformaron las condiciones casi feudales del agro boliviano. Estos proyectos políticos implicaban la adscripción de las ciudades a una modernidad de corte occidental de producción e intercambio. Pero los paceños, mayoritariamente indígenas, teníamos otras ideas acerca de nuestro desarrollo y de nuestra construcción simbólica y formamos una pertenencia social que, a pesar de rechazar esa idea del otro, de aquel que viene de más allá de las fronteras, acepta las influencias externas y resuelve su cotidiano con una morfología de "collage urbano" donde se abigarran los fragmentos de la indeterminación.

En esta ciudad puedes escuchar una tonada ancestral de quenas y charangos junto a un heavy metal de factura local, aquí se puede saborear un "picante surtido" [8] en los bajos de un toldo de la bebida Coca Cola y aquí se obtienen pirateados y con anterioridad a su lanzamiento, los paquetes de software más sofisticados del mercado internacional. Crackers y folkloristas conviven por igual y de una manera instintiva porque en La Paz, perviven múltiples formas de tribus urbanas con redes simbólicas, y, por ende, de imaginarios que basan su poder y exuberancia en el abigarramiento social de sus clases sociales que se apretujan en una estructura urbana de calles estrechas y de espacios públicos de pequeña escala. En esta ciudad, se vive en las contradicciones y afinidades de un pueblo grande. Este es un valle de pliegues que no permitió ni permite aún, un despilfarro en infraestructuras urbanas abiertas y extensas y esto ha generado las arrugas propias de un comportamiento humano inclusivo y receloso.

Como una práctica paradójica y cruel sobre el reducido tamaño de nuestra ciudad, los espacios públicos son tomados hoy en día, por diversos grupos sociales que ejercen en condiciones de un hacinamiento alucinante, los movimientos urbanos de la fiesta y la protesta en medio del mercado urbano más extendido que se pueda imaginar. Aquí no prosperaron, ni en las épocas del neoliberalismo transculturador, el comercio y el intercambio de los shoppings o malls, tipologías de un formato americano monótono. En La Paz, las calles son invadidas por el comercio informal tanto por unos cuantos vendedores como por masas de mercaderes que toman barrios completos, en un avance incontenible que hace recular a cuanta política municipal de desalojo se ponga al frente. Aquí, entre olores tan "sólidos" que denotan la vitalidad de una masa orgánica, de un inmenso mercado urbano, se manifiestan todos los días los despojados de siempre, aquellos que van innovando las formas de protesta, a escala urbana, más creativas de la región, aquí presenciamos en las calles un continuo performance político que hace palidecer a cualquier expresión convencional de protesta.

La Paz es desde principios del siglo XX, sede del gobierno boliviano con la presencia de dos de los tres poderes del Estado: el Ejecutivo y el Legislativo; y de ahí, que se ha transformado en la sede y en el espacio de manifestaciones políticas promovidas por los urgentes problemas socio económicos que tienen todos los departamentos de Bolivia. Es la ciudad que se bloquea y auto flagela por todos los males nacionales en pago a una exacerbada centralidad que dura casi un siglo. Por ser el crisol nacional, donde se hierven centenariamente los problemas políticos de todos, cada pliegue de la topografía urbana conlleva su propia historia y su verdad política: asesinatos, revoluciones, mítines, masacres, conspiraciones y revueltas son huellas indelebles en el paisaje urbano paceño. Pero paradójicamente, la protesta convive con la fiesta. En esta ciudad jamás se han acallado los ritmos y los bailes ancestrales que se recrean año tras año en las variadas entradas folklóricas que toman por asalto la ciudad, sean convocadas por motivos religiosos o por razones de pervivencias culturales. Miles de danzarines y decenas de bandas de música bailan o ensayan sus bailes durante todo el año. Sin miramientos a la condición de clase o a la escala económica, la fiesta folklórica es un movimiento continuo y un sonido persistente que siempre se percibe en la atmósfera paceña y junto a los pliegues topográficos, bailan también los pliegues de las polleras de las cholitas que giran sin pausa en nuestro imaginario colectivo.

En una superposición incomprensible, sin prioridades visibles, los paceños convivimos entre el baile y la retórica política, sumidos a plenitud en una dualidad cíclica, de raigambre precolombina, que muy difícilmente puede digerir una visión occidental afincada en la coherencia y la consistencia. Conscientes del papel rezagado que tenemos en la región, los collas [9], aymaras y mestizos de esta admirable hondonada, sentimos un orgullo que difícilmente se doblega ante las comparaciones inevitables que surgen respecto al desarrollo material de otras realidades urbanas. La Paz posee una estructura simbólica y una red de imaginarios urbanos que se basan en representaciones y narraciones tan locales y enraizadas como puede gestar este encierro natural; es un enclaustramiento espiritual que reniega de los otros y que permanentemente se auto refiere.

III

La Paz, alta y enrarecida, mestiza e indígena, montañosa y resplandeciente, ha cultivado en sus habitantes una identidad orgullosa que muestra ese arrogante imaginario que nuestro colectivo social construye, en una ciudad abigarrada y bizarra sobre los pliegues de este paisaje, tejiendo redes simbólicas entre el ritmo urbano de nuestra propia modernidad y el inevitable y sempiterno pulso telúrico.

Notas

1. Ajayu, en aymará quiere decir el ánima, el espíritu.
2. Achachilas, vocablo aymará, define a las divinidades enmarcadas en las montañas y dueñas de animales salvajes.
3. Pachamama, vocablo aymará, anteriormente quería decir "Madre eternidad", ahora se traduce como "Madre Tierra". Parte femenina de la concepción dual o bipolar de la naturaleza; su par masculino, el "Pachatata" fue suprimido como resultado del sincretismo cultural virreinal al asimilar a la Virgen María con la Pachamama. El "Pachatata" es identificado entonces con el "Ttio" o divinidad masculina del interior de las minas.

4. Apachetas, en aymará significan los lugares más altos, las cumbres rituales, vinculadas con los caminos, y los hitos de los caminos.
5. Arturo Borda (1883-1953), pintor y poeta de la más jubilosa y fructífera embriaguez, nació y murió en La Paz, sin conocer en vida la enorme admiración y reconocimiento que ahora se le otorgan.
6. Paredes C., "Antología de tradiciones y leyendas bolivianas", Bolivia: Editorial Popular, 1990.
7. INE, Instituto Nacional de Estadística de Bolivia, "Anuario Estadístico", La Paz, Bolivia, 2002.
8. Plato criollo con diversas carnes, especies, picantes, charque, acompañado por chuño, tunta y papas variadas.
9. Colla, vocablo con que se conoce a los habitantes del altiplano, que comprende los departamentos de La Paz, Oruro y Potosí. Voz aymará "Kolla", que define al grupo étnico de los Kollas, uno de los señoríos aymaras, ocupantes del sector norte del altiplano, al norte del lago Titicaca. Cuando los Incas invadieron y dominaron el altiplano, denominaron Collasuyo a todo el territorio de las tierras altas, incluyendo a otros señoríos que se extendían hacia el sur, como Lupakas, Carangas, Charcas y muchos otros.

Bibliografía

INE, Instituto Nacional de Estadística de Bolivia, "Anuario Estadístico", La Paz, Bolivia, 2002.

Paredes C., "Antología de tradiciones y leyendas bolivianas", Bolivia: Editorial Popular, 1990.

Sobre los autores

Patricia Barroso Arias

Arquitecta titulada por la Facultad de Arquitectura de la Universidad Nacional Autónoma de México, Maestra en Arquitectura (Mención Honorífica) y doctorando en la misma institución. Impartió cátedra a nivel Licenciatura en la Universidad Tecnológica de México, en la Universidad Latinoamericana y participó como profesor invitado en ISTHMUS Escuela de Arquitectura y Diseño de América Latina y el Caribe en la Ciudad del Saber en Panamá. A nivel posgrado, impartió diversos seminarios en las Maestrías de Arquitectura y Diseño de Interiores en la Universidad Motolinía del Pedregal. Fue Coordinadora General de la revista Arquitectura y Humanidades, CIEP F/A UNAM, tuvo a su cargo la Secretaría Académica de la Escuela de Arquitectura de la Universidad Latinoamericana, fue Coordinadora del nodo México-Argentina de la Red Hipótesis de Paisaje y fue Investigadora en el Área de Investigaciones y Posgrado (APIM) Universidad Motolinía del Pedregal. En el ámbito Internacional ha participado como ponente en diversos foros académicos y desde el 2001 a la fecha, ha publicado diversos ensayos en revistas académicas, especializadas, científicas y de divulgación cultural en países como México, Argentina, Chile, Costa Rica, Perú, Guatemala y España; colaborando también en arbitrajes para la Revista Mexicana del Caribe editada por el Instituto Mora y para Ciencia Ergo Sum editada por la Universidad Autónoma del Estado de México. Ha participado en la elaboración de los libros "La arquitectura en la poesía" y "El espacio en la narración: Arquitectura en la cuentística hispanoamericana contemporánea, una selección", editados por la F/A UNAM, contribuyó con algunos capítulos para el "Cuaderno latinoamericano de arquitectura No. 2", para los libros "Hipótesis de paisaje" de i+p editorial en Argentina y para el libro "De otros asuntos e historias de la arquitectura: interpretaciones poco conocidas o no divulgadas" de la FA/CIEP de la UNAM. Es autora de los libros "Ideas de arquitectura desde la literatura I", "Teoría e investigación proyectual en la producción arquitectónica" y "La expresión arquitectónica, su forma, su modo y su orden", editados por Architecthum Plus, México-USA. Actualmente participa como Tutora para estancias de investigación y como Co tutora en el Programa de Maestría en Arquitectura de la Universidad Veracruzana, es Profesor de Asignatura Nivel "B"

Definitivo en la F/A de la UNAM, donde imparte las asignaturas de Teoría de la arquitectura y de Proyecto, es Coordinadora de Contenido Editorial para la Colección "Arquitectura y Humanidades" en la Editorial Architecthum Plus y participa en el Atlas de Autores de textos teóricos de i+p editorial en Argentina, asimismo realiza varias investigaciones como autora independiente. En el campo profesional ha trabajado en empresas particulares realizando diversos proyectos de vivienda, accesibilidad urbana, diseño de mobiliario y remodelaciones de casa habitación.

José Mario Calero Vizcaíno

Doctorando en ámbitos de investigación en la energía y el medio ambiente en la arquitectura, en Escuela Superior Técnica de Arquitectura de Barcelona y Escuela Superior Técnica de Arquitectura del (Vallès) Universidad Politécnica de Cataluña, Maestro en arquitectura bioclimática por la Universidad Autónoma Metropolitana Azcapotzalco, diplomado en diseño de comunidades sostenibles en la Universidad Ibero-americana, donde es catedrático de las materias de geometría y proyectos. Ha publicado artículos en revistas especializadas en Argentina y en México. En la práctica profesional ha realizado y participado en diversos concursos y desarrollado diversos proyectos en Suecia y México. Creador y administrador de la sociedad anónima de capital variable, familiar: http://www.pais-a.com.mx S.A. de C.V. dedicada a promover y fortalecer la identidad mexicana, expositor de acuarelas (natura-forma), en Barcelona, Cataluña. Ha realizado diversas investigaciones sobre la identidad mexicana, sistemas de cubiertas, energía verde y sensibilidad energética.

Claudio Daniel Conenna

Arquitecto ítalo-argentino, nacido en Tandil-Buenos Aires-Argentina, (1959), graduado en la Facultad de Arquitectura y Urbanismo de la Universidad Nacional de la Plata, Argentina/1984. Ph.D. en el Politécnico de la Universidad Aristóteles de Tesalónica-Grecia/1999. Es arquitecto proyectista en diferentes estudios, trabaja independientemente en Argentina y en Grecia. Dentro de sus actividades académicas; es docente de Diseño Arquitectónico e Historia de la Arquitectura en la Facultad de Arquitectura y

Urbanismo de la Universidad Nacional de la Plata, Argentina (1985-93). Es Docente de Diseño Arquitectónico y Teoría de la Arquitectura en la Facultad de Arquitectura de la Universidad Aristóteles de Salónica en Grecia (2001- hasta la actualidad). Cuenta con diversas publicaciones, como 40 artículos, aproximadamente sobre los diferentes edificios y arquitectos de la arquitectura contemporánea, su obra consta de los libros: *Arquitectura Griega monástica, una propuesta orgánica* (2007) y *Dibujos en la arena, los proyectos no realizados* (2009). Tiene dominio del español, inglés, italiano y griego.

Efigenia Cubero Barroso

Nacida en Granja de Torrehermosa, Badajoz, ha realizado estudios de Historia del Arte y de Lengua y Literatura en Barcelona, ciudad en la que reside desde la niñez. Es desde hace años corresponsal de *Revistart* (Revista de las Artes) y autora de los libros de poesía, "Fragmentos de exilio", "Altano", "Borrando Márgenes" (prólogo de Manuel Simón Viola); La mirada en el limo; "Estados sucesivos" (Architecthum Plus, México, 2008), con prólogo de Federico Martínez; "Condición del extraño" (La Isla de Siltolá, 2013) con estudio preliminar de Jesús Moreno Sanz; "Punto de apoyo" (Luna de Poniente, 2014) y también, junto al pintor Paco Mora Peral, del "Libro de Artista Ultramar", y "Desajustes", en el número 2 de la Colección de Poesía 3X3 dirigida por Antonio Gómez y en libros como: José María Valverde Imatges i Paraulas (Universidad de Barcelona); "La narración corta en Extremadura. Siglos XIX y XX". Badajoz, Departamento de Publicaciones, col. "Narrativa" (tres tomos). "Meditations", libro publicado en inglés, editado en Birmingham. "Ficciones. La narración corta en Extremadura a finales de siglo" (prólogo e introducciones de Manuel Simón Viola). "Paisatges Extranyats" ("Paisajes extrañados") Edición del Departamento de Publicaciones de la Universidad de Barcelona), "Escarcha y fuego: La vigencia de Miguel Hernández en Extremadura"; "Peut ce vent", serie de poemas para la exposición multidisciplinar "Lo nunca visto" (traducidos al francés por Alain R. Vadillo) entre otros. Y en revistas, por citar sólo algunas, como *Mitologías, Alga, Siltolá, Norbania, Letralia, Arquitectura y Humanidades*, etc.

Ha participado como ponente en Congresos Nacionales e Internacionales y publicado numerosos ensayos en diversas publicaciones de España y América. Parte de su obra ha sido traducida al francés, inglés y portugués.

María Elena Hernández Álvarez

Nació en la Ciudad de México. Doctora en Arquitectura, (Mención Honorífica) UNAM; Maestría en Humanidades, Licenciatura en Arquitectura y Master (MDI) U. Anáhuac. Inicia labor docente en 1972; ha impartido diversas cátedras en la ESIA del Instituto Politécnico Nacional, la Universidad Anáhuac, la Universidad Iberoamericana, la UNAM y el Instituto Superior de Ciencia y Tecnología, A.C. Fue Directora de la Escuela de Arquitectura del ISCYTAC (Gómez Palacio, Durango. México). Autora del *libro Arquitectura en la Poesía* (UNAM); coautora con la Dra. Margarita León Vega del libro *El espacio en la Narración* (UNAM); autora del libro *Supuestos morfogenéticos de la Arquitectura. El caso de la Catedral Gótica*. Ha publicado artículos en Universidades y en revistas especializadas. Ponente y organizadora en diversos foros nacionales e internacionales. Ha dirigido numerosas tesis de licenciatura, maestría y doctorado. Fundadora y Directora de la publicación en Internet www.architecthum.edu.mx. Fundadora y Directora de Architecthum-Plus, S.C., editores. En ejercicio libre de la profesión ha desarrollado y edificado diversos proyectos arquitectónicos. Titular del Seminario de Área y Taller de Investigación "Arquitectura y Humanidades" en el Programa de Maestría y Doctorado en Arquitectura de la Universidad Nacional Autónoma de México. Medalla "Alfonso Caso", UNAM por tesis doctoral. Miembro del Jurado del Premio Universidad Nacional y Distinción Nacional para Jóvenes Académicos. Reconocimiento de la Dirección General de Estudios de Posgrado UNAM a tesis doctoral en la Colección 2002. Miembro de Número de la Academia Nacional de Arquitectura. Consejera Técnica (2006-2012) representante de los profesores de Posgrado, Facultad de Arquitectura, UNAM.

Ian M. Hoyos Luna-Barrera
Licenciado en Arquitectura, Universidad Mayor de San Andrés La Paz-Bolivia (2003), y postulante al grado de Especialidad en Morfología, Centro de Posgrado de la Facultad de Arquitectura Artes y Diseño Urbano, Universidad Mayor de San Andrés. Actualmente trabaja como docente adjunto en la Facultad de Arquitectura, Artes y Diseño Urbano de la Universidad Mayor de San Andrés, y como diseñador gráfico independiente.

Jorge Aníbal Manrique Prieto
Maestro en arquitectura (mención honorífica), UNAM. Arquitecto de la Universidad Nacional de Colombia, sede Bogotá; con profundización en vivienda. Ha trabajado en investigaciones de entidades públicas en Bogotá, como diseñador de proyectos en entidades privadas, y como profesor adjunto de posgrado en la Facultad de Arquitectura de la UNAM. Fue ganador de un primer puesto en la "X Anual de Estudiantes de Arquitectura" de la sociedad colombiana de arquitectos, con su proyecto de grado de licenciatura titulado: "Vivienda de alta densidad: Calidad en el Habitar". Proyecto que ha sido publicado en las revistas Escala Colombia y Replanteo. Ha participado en diferentes congresos y encuentros académicos como asistente y como ponente: en Noviembre de 2012 participó en el "XXIV Congreso Panamericano de Arquitectos" en Maceió, Brasil. Y en el año 2013 colaboró como parte del comité organizador y como ponente del "1er. Encuentro Académico Internacional: Reflexiones en torno al proyecto arquitectónico" organizado entre las maestrías en arquitectura de la UNAM y la UNAL, evento que se realizó en Bogotá, Colombia. Actualmente trabaja en una ONG desarrollando proyectos de infraestructura educativa para lugares marginados en México.

Lucas Períes
Arquitecto por la Universidad Nacional de Córdoba (UNC). Doctorando en el Programa de Doctorado de la Universidad de Buenos Aires. Magíster en Planificación y diseño del Paisaje por la Universidad Católica de Córdoba (UCC). Posgrado en Principios de diseño en el Instituto del Diseño, UCC. Profesor en la Maestría en Diseño de Procesos Innovativos y en la Maestría de Arquitectura

Paisajista, UCC. Profesor de las carreras de Arquitectura en FAUD-UNC y FA-UCC. Profesor invitado en la Universidad Nacional Autónoma de México, en la Pontifica Universidad Javeriana de Bogotá y en la Universidad Nacional de San Juan. Director de proyectos de investigación en UCC. Intégrate de proyectos de investigación coordinados en el Centro Marina Waisman, UNC (2001-2007). Director de Trabajos Finales de Posgrado nacionales e internacionales. Becario del CONICET (2003-2006) y de SeCyT-UNC (2001-2002). Coautor del Libro: "Gestionar el diseño" (I+P, 2014). Coautor del Libro: "Procedimientos para un catálogo del paisaje urbano" (I+P, 2013). Coautor del Libro: "Catálogo del Paisaje del río Suquía en la Ciudad de Córdoba, Vol. 1" (EDUCC, 2012). Coautor del Libro: "La ciudad en transformación" (I+P, 2012). Autor del Libro: "Miradas Proyectuales, complejidad y representación en el diseño urbano arquitectónico" (Nobuko, 2011). Coautor del Libro: "Paisajes inmiscibles" (EDUCC, 2009). Expositor en congresos nacionales e internacionales con múltiples escritos publicados en revistas especializadas y actas de congresos. Colaborador periódico de la revista 30-60 Cuaderno Latinoamericano de Arquitectura.

Adriana Quiroga Zuluaga

Nace en Santafé de Bogotá, Colombia, en 1973. Maestra en Arquitectura (Mención Honorífica, UNAM, 2001). Concluye sus estudios universitarios en la Facultad de Arquitectura de la Universidad Piloto de Colombia en 1996, trabajó en proyectos arquitectónicos de vivienda de interés social. Diplomada en Consultoría Ambiental en la UNAM. Tomó seminarios en Teoría e Historia de la Arquitectura en la Universidad Piloto de Colombia y la Universidad Nacional de Colombia. Durante el tiempo de estudios de postgrado estuvo becada por la Secretaría De Educación Pública de México, en el año de 1999 forma parte del grupo fundador de la revista de Internet www.architecthum.edu.mx y es coordinadora general de ésta. De 2001 al 2002 trabajó en el área arquitectónica en el ámbito de: Diseño, auditoria, consultoría y valoración de proyectos.

Alicia Ríos Martínez
Arquitecta paisajista mexicana egresada de la Facultad de Arquitectura, UNAM en 1997. Pasante de la Maestría en Geografía Ambiental de la Facultad de Filosofía y Letras, UNAM. Certificada como diseñadora de paisajes del desierto por el Desert Botanical Garden en Phoenix, Arizona, EUA en 2001. Profesor de asignatura en la Unidad Académica de Arquitectura de Paisaje, Facultad de Arquitectura, UNAM y en la Universidad Latinoamericana (ULA). Ha desarrollado proyectos de arquitectura de paisaje de tipo residencial, corporativos industriales, educación, plazas urbanas, parques naturales, desarrollos turísticos y zoológico al noroeste de la Ciudad de México dentro del sector privado.

Edgardo Jonathan Suárez Domínguez

Investigador del Mexican Institute of Complex Systems. Tlaxcala 111 esq. Av. Jalisco, col. Unidad Nacional. Ciudad Madero, Tamaulipas. Maestro Investigador de la Unidad Académica de Arquitectura, Diseño y Urbanismo, miembro del cuerpo académico de Diseño y Edificación Sustentable y maestros Investigador de la Universidad Autónoma de Tamaulipas.

Yolanda Guadalupe Aranda Jiménez
Dra. en Arquitectura por la Universidad Autónoma de Tamaulipas (México), profesora-investigadora de la Facultad de Arquitectura, Diseño y Urbanismo de la Universidad Autónoma de Tamaulipas, Campus Tampico-Madero y miembro del cuerpo académico de Diseño y Edificación.

Rubén Salvador Roux Gutiérrez
Maestro Investigador de la Unidad Académica de Arquitectura, Diseño y Urbanismo, miembro del cuerpo académico de Diseño y Edificación Sustentable y Maestro Investigador de la Universidad Autónoma de Tamaulipas.

Carlos Villagómez Paredes
Nació en La Paz, Bolivia en 1952. Arquitecto, artista, ensayista y diseñador. Es docente en la Facultad de Arquitectura de la

Universidad Mayor de San Andrés. Tiene obras y proyectos de arquitectura en La Paz, Bolivia (Museo Tiwanaku, Museo de Etnografía y Folklore, Museo Nacional de Arte y otros centros culturales y residencias), en México D.F., (Secundaria y Preparatoria del Colegio Israelita de México) y en Lima Perú (Edificio DVM). Es autor del libro "La Paz ha muerto" el año 2004 y del libro "La Paz Imaginada" el 2007. Creador de la Fundación de Estética Andina (FEA) para el impulso de estudios artísticos y culturales en la ciudad de La Paz.

Otros títulos de la Colección **Arquitectura y Humanidades**:

Volumen 1:
Perspectivas de la arquitectura desde las humanidades I

Volumen 2:
Poética arquitectónica I

Volumen 3:
Espacios Imaginarios I

Volumen 4:
Arquitectura y lo sagrado I

Volumen 5:
Historiografías e interpretaciones de los hechos arquitectónicos I

Volumen 6:
Arquitectura, lugar y ciudad I

Volumen 7:
Paisajes arquitectónicos I

Volumen 8:
Existiendo, habitando lo arquitectónico I

Volumen 9:
Un encuentro de la arquitectura con las artes I

Volumen 10:
Enfoques de la arquitectura desde la filosofía I

Volumen 11:
El espacio privado e íntimo I

Volumen 12:
Reflexiones en torno a un método del diseño arquitectónico I

Volumen 13:
Reflexiones en torno a la crítica del diseño arquitectónico I

Volumen 14:
Reseñas I

Volumen 15:
Luis Barragán

Volumen 16:
La casa

Volumen 17:
Percepción poética del habitar I

www.ingramcontent.com/pod-product-compliance
Lightning Source LLC
Chambersburg PA
CBHW020903090426
42736CB00008B/476

9786079137281